Qualität und Nutzen medizinischer Leistungen

ALLOKATION IM MARKTWIRTSCHAFTLICHEN SYSTEM

Herausgegeben von
Heinz König (†), Hans-Heinrich Nachtkamp,
Ulrich Schlieper, Eberhard Wille

Band 55

PETER LANG
Frankfurt am Main · Berlin · Bern · Bruxelles · New York · Oxford · Wien

KLAUS KNABNER
EBERHARD WILLE
(HRSG.)

QUALITÄT UND NUTZEN MEDIZINISCHER LEISTUNGEN

10. Bad Orber Gespräche
10.–12. November 2005

PETER LANG
Europäischer Verlag der Wissenschaften

Bibliografische Information der Deutschen Nationalbibliothek
Die Deutsche Nationalbibliothek verzeichnet diese Publikation
in der Deutschen Nationalbibliografie; detaillierte bibliografische
Daten sind im Internet über <http://www.d-nb.de> abrufbar.

ISSN 0939-7728
ISBN 978-3-631-56334-2
© Peter Lang GmbH
Europäischer Verlag der Wissenschaften
Frankfurt am Main 2007
Alle Rechte vorbehalten.

Das Werk einschließlich aller seiner Teile ist urheberrechtlich
geschützt. Jede Verwertung außerhalb der engen Grenzen des
Urheberrechtsgesetzes ist ohne Zustimmung des Verlages
unzulässig und strafbar. Das gilt insbesondere für
Vervielfältigungen, Übersetzungen, Mikroverfilmungen und die
Einspeicherung und Verarbeitung in elektronischen Systemen.

www.peterlang.de

Danksagung

Die Fertigstellung des vorliegenden Symposium-Bandes der zehnten „Bad Orber Gespräche" erforderte ein hohes Engagement. Von der Planung und Vorbereitung bis hin zur Durchführung der Tagung und Präsentation der Ergebnisse als Publikation waren Arbeitseinsatz und Motivation vieler Beteiligter gefragt. Stellvertretend für alle möchten wir unseren ausdrücklichen Dank Dr. Michaela Flug, Dr. Vanessa Elisabeth Schaub und Jessica Schöckel aussprechen.

Dr. rer. pol. Klaus Knabner   Prof. Dr. rer. pol. Eberhard Wille

Berlin im August 2006

Inhaltsverzeichnis

Manfred Albring	Vorwort	9
Klaus Knabner	Begrüßung	21
Eberhard Wille	Die GKV zwischen staatlicher Steuerung, korporativer Koordination und Marktelementen	25
Rainer Hess	Der Gemeinsame Bundesausschuss: Zwischenbilanz und Perspektiven	41
Jörg-Dietrich Hoppe	Der Leistungskatalog der GKV aus medizinisch-ethischer Sicht	55

Themenkreis 1

Gerhard Schulte	Zur Abgrenzung des Leistungskatalogs der GKV	63
Ingwer Ebsen	Die Kompetenzen des Gemeinsamen Bundesausschusses aus verfassungsrechtlicher Sicht	67
Christian Koenig	Die Kompetenzen des Gemeinsamen Bundesausschusses aus staatsrechtlicher Sicht unter besonderer Berücksichtigung des europäischen Gemeinschaftsrechts	87
Heiner Raspe	Qualitäts- und Nutzenbewertung von Untersuchungs- und Behandlungsmethoden aus medizinischer Sicht	105
J.-Matthias Graf von der Schulenburg	Qualitäts- und Nutzenbewertung aus ökonomischer Sicht	117

Themenkreis 2

Alfred Holzgreve	Qualitätswettbewerb in der Medizin	127
Susanne Renzewitz	Wettbewerbsbeziehungen zwischen Krankenhäusern und Vertragsärzten	129
Andreas Köhler	Wettbewerbsbeziehungen zwischen Krankenhäusern und Vertragsärzte	141

Themenkreis 3

Dieter Cassel	Zur Problematik einer zentralen Qualitäts- und Nutzenbewertung bei Arzneimitteln	147
Jürgen Bausch	Die Bewertung des therapeutischen Zusatznutens	151
Heinz-Werner Meier	Nutzenbewertung von Arzneimitteln – Forderungen der Industrie	159
	Verzeichnis der Teilnehmer	165
	Verzeichnis der Referenten	169

Vorwort

Manfred Albring

Mit den Bad Orber Gesprächen über kontroverse Themen im Gesundheitswesen wollten die Organisatoren anlässlich der 10. Tagung nicht nur ein kleines Jubiläum für einen inzwischen gut etablierten, interdisziplinären Workshop begehen, sondern auch durch die Wahl des Themas „Qualität und Nutzen medizinischer Leistungen" auf einen Problemkreis eingehen, der durch die seitens der GKV und der Politik induzierte Kritik eine intensive und auch teilweise emotional geführte Debatte unter den Systembeteiligten ausgelöst hatte. Diese Kritik an den Leistungserbringern mündete schließlich in der Feststellung des Sachverständigenrates zur Begutachtung der Entwicklung im Gesundheitswesen, dass das deutsche Gesundheitswesen als typisches Merkmal „Über-, Unter- und Fehlversorgung" aufweise. Eine nicht nur für das Gesundheitswesen jeglicher Art zweifellos zeitlos gültige Behauptung. Erst in Verbindung mit dem viel zitiertem Satz, „im deutschen Gesundheitswesen bezahlen wir für einen Mercedes und kriegen dafür einen Golf", hat sich diese Kritik zum Leidwesen der Ärzte in vielen Köpfen der Beitragszahler festgesetzt – obwohl die als Begründung dafür angeführten Statistiken von OECD und WHO inzwischen zurückgezogen wurden, nach denen das deutsche Gesundheitswesen auf Platz 25 hinter Kolumbien lag.

Wir haben in Deutschland eine alle Einkommensschichten umfassende Gesundheitsversorgung, anders als in den USA, wo 15 % der Bevölkerung überhaupt keinen Versicherungsschutz genießt. Die Kindersterblichkeit ist deutlich niedriger als im EU-Durchschnitt. Dabei liegen die Kosten unseres Gesundheitssystems bei weitem nicht so hoch wie in den USA. Dennoch ist der derzeitige Zustand alles andere als zufriedenstellend, denn bei den Gesundheitskosten liegen wir nur sehr knapp hinter dem Spitzenplatz: Zusammen mit dem schweizerischen ist das deutsche nach dem amerikanischen Gesundheitswesen das teuerste auf der Welt und liegt mit 10,9 % vom Bruttoinlandprodukt weit über dem EU- und OECD-Durchschnitt. Auch wenn dies viele Leistungserbringer nur ungern hören wollen – das deutsche Gesundheitswesen liefert gute, aber keineswegs Spitzenresultate.

In der Tat sind die Ergebnisse eines Gesundheitssystems nur sehr schwer zu erkennen. Dennoch ergibt sich auch schon bei der Betrachtung in erster Näherung ein erkennbares Muster. Ein sehr pauschales Maß ist die Lebenserwartung zum Zeitpunkt der Geburt. Deutschland liegt hier mit 77,5 Jahren leicht unter dem EU-Durchschnitt von 77,8

Jahren. Griechenland, Frankreich, Schweden und die Schweiz sind uns weit voraus. Die noch verbliebene Lebenserwartung im Alter von 65 Jahren, ein weiteres Maß für den das Leben verlängerten Erfolg des Gesundheitswesens, liegt in Deutschland deutlich unter dem Durchschnitt der EU-Staaten. Jede einzelne dieser statistischen Messgrößen hat ihre Vor- und Nachteile und wäre wissenschaftlich diskussionswürdig. Aber es ist das Muster, das den Betrachter stutzig machen sollte. Ein komplexes, aber einigermaßen zuverlässiges Maß für die Leistung eines Gesundheitswesens ist der Heilungserfolg bei präzise definierten Krankheiten, da hier der Einfluss durch Ernährungsgewohnheiten, Umwelt usw. weitgehend ausgeschaltet wird. Gerade an diesem Maßstab gemessen, schneidet das deutsche Gesundheitswesen jedoch gar nicht überzeugend ab. So ist beispielsweise nach der Erstdiagnose die Überlebenschance bei einer Reihe von onkologischen Erkrankungen in den USA wesentlich höher als bei uns.

Man kann aufgrund dieser wenigen Feststellungen schon ableiten: Das deutsche Gesundheitswesen ist teuer, ohne durchgehend Spitzenleistungen zu produzieren. Betriebswirtschaftlich ausgedrückt leidet es unter einer niedrigen Produktivität und hat im internationalen Vergleich einen weit überdurchschnittlichen Ressourcenverbrauch. Deutschland beschäftigt nach OECD-Statistiken 35 % mehr Ärzte und 20 % mehr Krankenhauspersonal als die USA, hat eine mehr als doppelt so hohe Krankenhauskapazität und verschreibt etwa 20 % mehr Medikamente. Es ist offensichtlich: Eine niedrige Produktivität schadet auf Dauer allen Parteien im Gesundheitswesen, denn die entsprechenden Ressourcen sind für die Volkswirtschaft verloren. Andererseits birgt der dadurch entstehende Mehraufwand ein Einsparpotenzial, das nicht auf Kosten der Gesundheitsleistung gehen muss.

In dieser Situation bot es sich für die Bundesrepublik an, durch politisch gewolltes Misstrauen gegenüber der Leistungsfähigkeit im deutschen Gesundheitswesen eine Reihe von Maßnahmen einzuleiten, die die Selbstheilungskräfte zur Vermeidung des überhöhten Ressourcenverbrauchs stimulieren sollten. Hierzu gehören:

- das Aufbrechen der korporatistischen Marktbeschränkungen,
- die Schaffung eines Gemeinsamen Bundesausschusses zur Erarbeitung normativer Richtlinien für eine medizinisch notwendige, zweckmäßige und wirtschaftliche Versorgung,
- die Neugründung eines Instituts mit Bewertungskompetenz für Qualität und Wirtschaftlichkeit im Gesundheitswesen.

In dem jetzt vorliegenden Band der Bad Orber Gespräche 2005 beschreiben ausgewiesene Experten aus der gesetzlichen Krankenversicherung, der Kassenärztlichen Vereinigung, der Politik, der Wissenschaft, der Krankenhausträger und der pharmazeutischen Industrie, wie sie mit diesen Regulierungselementen die angestrebte Zielsetzung einer besseren Ressourcenallokation erreichen könnten oder auch, warum die eingesetzten Institutionen aufgrund von Systemfehlern versagen müssten. Wegen des fehlenden Wettbewerbs bei den Leistungserbringern im Bereich der ambulanten, ärztlichen Versorgung und den in den letzten Jahren oft sehr langwierigen und teilweise ergebnislosen Kollektivverhandlungen im Rahmen der gemeinsamen Selbstverwaltung hat sich zunehmend auch die Frage nach den Befugnissen bzw. auch der Existenzberechtigung der Kassenärztlichen Vereinigungen gestellt. In der gesundheitspolitischen Systemdiskussion wird daher auch die Frage gestellt, ob eine Verbesserung der Allokationsprozesse einen vollständigen oder teilweisen Ersatz durch andere Steuerungselemente erfordert. Nach einer sehr umfangreichen und sorgfältigen Analyse kommt Prof. Wille in seinem Eröffnungsreferat zu dem Schluss, dass nach einem kompletten Übergang von den kollektiven zu den einzelvertraglichen Regelungen erheblich mehr Differenzen des Qualitätsniveaus in der medizinischen Versorgung zu erwarten seien, als dies bei einem kollektivvertraglichen System der Fall wäre. Um jedoch Wettbewerbselemente in einen korporativen Rahmen zu integrieren, sollen die Krankenkassen die Möglichkeit erhalten, mit ausgebildeten Leistungserbringern z. B. bei der integrierten Versorgung selektive Verträge abzuschließen. Sofern die Netze, die sich auf selektives Kontrahieren gründen, einen signifikanten Marktanteil erreichen, könnte dies über den Wettbewerb auch im korporativen System zu Effizienz- und Effektivitätssteigerungen führen. Insgesamt hat sich Prof. Wille nicht für ein Abschaffen des korporativen Systems ausgesprochen, sondern empfiehlt ausdrücklich, den Korporativismus mit Elementen des dezentralen Wettbewerbs zu ergänzen, damit diese sich dann in einem kollektiven Rahmen entfalten können.

In seinem Festvortrag beklagte der Präsident der Bundesärztekammer, Prof. Hoppe, dass es der Politik in den vergangenen Jahren nicht möglich gewesen sei, eine grundlegende Reform für die gesetzliche Krankenversicherung in Angriff zu nehmen, da sie in ihren finanziellen Auswirkungen den Wählern nur schwer zu vermitteln gewesen wäre. Stattdessen habe sie durch ein politisch gewolltes Misstrauen gegenüber der Leistungsfähigkeit der Ärzteschaft und anderer Systembeteiligter versucht, Maßnahmen umzusetzen, die angeblich die Selbstheilungskräfte im Gesundheitswesen fördern sollten. So beschränkte der Gesetzgeber beispielsweise die Monopolstellung der Kassenärztlichen Vereinigungen zugunsten eines dezentral gesteuerten Wettbewerbs zwischen den

Leistungserbringern und den Krankenkassen, unter anderem durch die ambulante Öffnung der Krankenhäuser, die vertragliche Festlegung von Disease-Management-Programmen, die Möglichkeit zur Gründung von medizinischen Versorgungszentren und die Ausübung von Optionen zur integrierten Versorgung. Prof. Hoppe bemängelte, dass durch das in Deutschland von der Politik kultivierte Misstrauen gegenüber dem Gesundheitswesen im Allgemeinem und gegenüber der Ärzteschaft im Besonderen so einer Politik der Weg bereitet würde, welche die Zuteilung von Leistungen nach einem abschließenden Leistungskatalog und über Wartelisten als Ausschöpfung der Wirtschaftlichkeitsreserven sieht und den sukzessiven Abbau des Versorgungsangebotes als Qualitätsverbesserung in der Patientenversorgung verkauft. Auf diese Weise könne es leicht zu einer Situation kommen, in der falsch verstandene wettbewerbliche Elemente renditeorientierte Betreiber von Krankenhäusern durch Rosinenpickerei bei den DRGs und verstärkten Wettbewerb unter den Leistungserbringern eine Monopolisierung von Krankenkassen und/oder im Krankenhaus und Ärztemarkt beförderten. Ob auf diese Weise effizientere Ressourcenallokationen erreicht werden könnte, bleibt abzuwarten.

Auch im Hinblick auf die Nutzenbewertung für die Diagnostik und Therapie, die sich der Gemeinsame Bundesausschuss (G-BA) als Verfahrensordnung gegeben hat, wird insbesondere von Prof. Hoppe kritisch angemerkt, dass der Nutzen einer Methode in der Regel durch Studien der Evidenzstufe 1, d. h. durch randomisierte kontrollierte Studien nachgewiesen werden soll. Das ließe auf ein komplexes, mechanistisches Verständnis von evidenzbasierter Gesundheitsversorgung der Politik und des G-BA schließen. In diesem Zusammenhang weist er auf die Schwierigkeiten hin, die Ergebnisse der randomisierten klinischen Prüfungen verallgemeinernd zu extrapolieren, etwa im Hinblick auf seltene Nebenwirkungen, die im Rahmen der Pharmakovigilanz und/oder durch registerähnliche Kohortenstudien erst gewährleistet werden können.

Abschließend wird das Problem angesprochen, von Allokationsentscheidung ohne Orientierung an ethischen Werten zu treffen. Dabei wird diskutiert, ob z. B. Therapieoptionen für Tumorpatienten, die zwar nicht lebensverlängernd sind, aber das Leiden doch verringern könnten, zukünftig nicht mehr solidarisch finanziert werden sollen. Wie sollen in diesem Bereich Patienten-zentrierte Ergebnisparameter festgelegt werden, nach denen der therapeutische Zusatznutzen eines neuen Medikaments oder einer neuen Behandlungsmethode gemessen wird?

Eine Veranstaltung über „Qualität und Nutzen medizinischer Leistungen" konnte nicht umhin kommen, der Bewertung des G-BA aus Sicht der

Selbstverwaltung, aus verfassungsrechtlicher Sicht und aus Sicht des Europäischen Gemeinschaftsrechtes einen breiteren Raum einzuräumen. Die drei zuständigen Referenten, Dr. Hess, Prof. Ebsen und Prof. Koenig, bürgen schon mit ihrem Namen für eine qualitativ hochwertige Auseinandersetzung mit diesem Themenkomplex.

So erfahren wir, dass der Gesetzgeber, anstatt den sektorübergreifenden Bezug der Versorgungsentscheidung bei der gemeinsamen Selbstverwaltung auf Bundesebene zu stärken, sich faktisch nur darauf beschränkt hat, die bisherigen selbstständigen Ausschüsse lediglich unter dem Dach des G-BA zusammenzuführen. Von einer Straffung und Vereinfachung der Arbeitsabläufe könne deshalb kaum die Rede sein. Der G-BA soll eine nach dem Stand der wissenschaftlichen Erkenntnisse medizinisch notwendige, zweckmäßige und wirtschaftliche medizinische Versorgung durch normative Richtlinien unterhalb der Ebene der Gesetzgebung gewährleisten und einheitlich den für alle Krankenkassen gesetzlich definierten Leistungskatalog mit der Zielsetzung konkretisieren, in ihrem medizinischen Nutzen nicht belegte oder unwirtschaftliche Leistungen auszugliedern. – Man kann sich unschwer vorstellen, dass ein solcher Auftrag sofort die Frage nach der verfassungsrechtlichen Legitimation aufwirft, weil der G-BA mit der Entwicklung seiner normativen Richtlinien eine sehr starke Eingriffsbefugnis in die Leistungsansprüche der Versicherten hat. Prof. Ebsen weist entsprechend darauf hin, dass die verfassungsrechtliche Würdigung des G-BA und seiner Kompetenzen auch nach allen bisher geführten Diskussionen immer noch eine sehr lohnende Aufgabe sei. In seinem grundlagenorientierten Beitrag, der die Diskrepanz zwischen Idealbild und Wirklichkeit in der Selbstverwaltung überzeugend herausarbeitet, zieht er folgendes Fazit: „Wenn sich Schwächen hinsichtlich der funktionsadäquaten Entscheidungsstruktur herausstellen, könnte eine intensive rechtsaufsichtliche und richterliche Kontrolldichte ein feineres und differenziertes Korrekturinstrument sein, als die Verneinung der Verfassungsmäßigkeit." Mit anderen Worten: Bei einer funktionsadäquaten Entscheidungsstruktur wäre eine verfassungsrechtliche Legitimation gegeben. Zur Vermeidung eines verfassungsrechtlich nicht vertretbaren Entscheidungsspielraumes ist aber wichtig, dass der G-BA nicht etwa selbst einen wissenschaftlichen Standpunkt entwickelt, sondern lediglich mit Bezug auf Wirksamkeit und Nutzen von Methoden, was von der (weltweiten) medizinischen Wissenschaft konsentiert ist.

Nach dem Referat von Prof. Koenig wird dann die zunächst klar aufgebaute Rechtssicherheit von Prof. Ebsen schon wieder erschüttert, durch die alte Weisheit: „Vor Gericht und auf hoher See sind wir alle in Gottes Hand." So argumentiert Prof. Koenig abschließend, dass die normativen

Richtlinien des G-BA gegen die Grundsätze des Artikel 80 GG verstoßen, da die Ermächtigung in § 92 Absatz 1 S. 1 SGB V fast ausschließlich aus unbestimmten Rechtsbegriffen besteht und die Grenzen der Ermächtigung aus der Norm nicht ersichtlich werden. Ob eine verfassungsrechtliche Legitimation des G-BA nun gegeben ist, kann daher zum gegenwärtigen Zeitpunkt nicht abschließend bewertet werden. – Ob andererseits durch die Tätigkeit des G-BA ein Verstoß gegen europäisches Wettbewerbsrecht vorliegt, bleibt auch offen. Dies sei im Zusammenhang mit der Frage zu beantworten, ob eine unternehmerische Tätigkeit von Kostenträgern der Gesetzlichen Krankenversicherung vorliege. Dies gelte insbesondere für die Tätigkeit des G-BA, für die eine wettbewerbsrechtliche Überprüfungsmöglichkeit vor dem Hintergrund der enormen Machtkonzentration für das GKV-System wünschenswert sei.

In dem Teil „Qualitäts- und Nutzenbewertung aus medizinischer und ökonomischer Sicht", den Prof. Raspe und Prof. von der Schulenburg bestritten, glaubten viele Zuhörer sich zunächst recht heimisch zu fühlen. Nichtsdestoweniger wird der gesundheitsökonomisch interessierte Teilnehmer der Bad Orber Gespräche überrascht gewesen sein, mit zwei Kulturen der Evaluation medizinischer Methoden konfrontiert worden zu sein. Es handelt sich um die formative und summative Evaluation – „die summative Evaluation beurteilt zusammenfassend die Wirksamkeit einer vorgegebenen Evaluation, während die formative Evaluation regelmäßig Zwischenergebnisse erstellt, mit dem Ziel, die laufende Intervention zu modifizieren oder zu verbessern." Während technische Produkte (Maschinen, Kraftfahrzeugen, Fernsehapparaten, optischen Geräten) an jeder möglichen Stelle kleinschrittig optimiert werden und sich das Gesamtprodukt in steter Verwandlung befindet, wäre eine solche Kultur der beständigen Optimierung z. B. im Rahmen der klinischen Arzneimittelprüfungen völlig undenkbar. Hier müssen Produktkonstanz und bleibende Produktqualität vorausgesetzt werden. Entsprechend sagt Prof. Raspe voraus, dass sich in Zukunft auch Medizinprodukte den gleichen Evaluationsbedingungen stellen müssen, die heute schon für Arzneimittel gelten. Und Gleiches ist bald auch schon für die Homöopathie, anthroposophische Medizin, Phytotherapie, Psychotherapie, Rehabilitation sowie Früherkennungsuntersuchungen zu erwarten. Prof. Raspe stellt dann heraus, dass nur die summative Evaluation durch randomisierte klinische Studien die Voraussetzungen für eine evidenzbasierte medizinische Erkenntnis bringen kann. So muss sich für eine Behandlung die sichere Beurteilung in einer ausreichenden Zahl von Fällen als erfolgreich erwiesen haben. Da es immer auf den Nachweis einer generellen Wirksamkeit ankomme, kann die Leistungspflicht einer Krankenkasse nicht damit begründet werden, dass die Therapie im konkreten Einzelfall erfolgreich war.

In seinem Beitrag zur Qualitäts- und Nutzenbewertung aus ökonomischer Sicht stellt Prof. von der Schulenburg die Einschränkung voran: „Allerdings können Qualität und Nutzen nur bewertet werden, wenn man sich auf Konventionen einigt. Es gibt kein allgemein gültiges Maß zur Messung und Bewertung dieser Größen. Sie bleiben letztlich subjektiv." Dann stellt die verschiedenen Grundformen der Wirtschaftlichkeitsuntersuchungen vor. Dabei wird auch dem gesundheitsökonomischen Laien sofort bewusst, dass Methoden zur ausschließlichen Bewertung der Kosten nur in zwei Bereichen eingesetzt werden können: einerseits zur Erfassung von Krankheitskosten, andererseits zur Bestimmung des durchschnittlichen Ressourcenbedarfs bei Pauschalhonorierungssystemen, wie z. B. bei den Fallpauschalen. Methoden mit Bewertung von Kosten und Nutzen beinhalten Kosten-Nutzen-Analysen, Kosten-Wirksamkeits-Analysen und Kosten-Nutzwert-Analysen. An diesen Wirtschaftlichkeitsuntersuchungen wird deutlich, dass sich Behandlungswirkungen, die sich der direkten Zurechnung eines Geldbetrages entziehen, wie z. B. Lebensqualitätsverbesserungen oder Lebensverlängerung, immer problematisch bleiben werden. Insbesondere, wenn aus der Verlängerung der Lebenszeit (quantitative Dimension) und der Veränderung der Lebensqualität (qualitative Dimension) die so genannten qualitätskorrigierten Lebensjahre (Quality adjusted life years = QALYs) berechnet werden sollen. Dies ist problematisch, da die Lebensqualität im Laufe einer chronischen Krankheit nicht konstant bleibt und beispielsweise durch Operationen schwankt oder in den Monaten vor dem Tod dramatisch abnimmt. Insbesondere können durch die Kosten-Nutzwert-Analyse kaum Vergleiche der verschiedenen Studien durch so genannte League-Tabellen (Ranglisten) vorgenommen werden, weil damit eine Genauigkeit vorgespiegelt würde, die in der Regel nicht gegeben ist.

Damit wird in diesem Beitrag deutlich dargestellt, wie schwierig es im Einzelfall sein kann, neben Wirksamkeit, Sicherheit und Qualität auch die Wirtschaftlichkeit einer neuen Methode bzw. eines neues Arzneimittels nachzuweisen. Somit kommt Prof. von der Schulenburg zu der Schlussfolgerung, dass die ökonomischen Evaluationsstudien eine wichtige Entscheidungsgrundlage für rationale Entscheidungsprozesse darstellen; sie können die Probleme bei der Bewertung von Qualität und Nutzen zwar transparenter machen, nicht aber vollständig lösen.

Zum Thema „Wettbewerbsbeziehung zwischen den Krankenhäusern und Vertragsärzten" wurden Aussagen darüber erwartet, welche Handlungsfelder wettbewerblich organisiert, welche Wettbewerbsziele dabei erreicht werden sollen und welche Maßnahmen letztlich geeignet sind, um die gesetzten Ziele auch zu erreichen. Dieses Gebiet ist insofern spannend, als der von der Politik gewollte Wettbewerb zwischen Vertragsärzten und Krankenhäusern und auch der zunehmende finanzielle Druck dafür sorgen werden, dass die Leistungserbringer in den Feldern, in denen sie in der gleichen Sache mit anderen konkurrieren, sich durch Kreativität, Innovationen und Prozessoptimierung neu positionieren müssen. Die neuen Tätigkeitsfelder sind insbesondere die medizinischen Versorgungszentren (MVZ), das ambulante Operieren im Krankenhaus, die ambulante Behandlung im Krankenhaus und die integrierte Versorgung. Fr. Dr. Renzewitz, Leiterin Politik der Deutschen Krankenhausgesellschaft, stellte heraus, dass durch die MVZ die Krankenhäuser direkt an der vertragsärztlichen Versorgung partizipieren können und den großen Vorteil anbieten, den vertragsärztlichen und stationären Leistungsbereich aus einer Hand zu organisieren. Das gerade über die MVZ sich ein Wettbewerbsschwerpunkt zwischen Krankenhäusern und niedergelassenen Fachärzten entwickelt, geht schon daraus hervor, dass im November 2005 bereits 204 MVZ ihre Arbeit aufgenommen hatten (Stand Oktober 2006: 535 MVZ; Quelle: BMG) und der prozentuale Anteil von Krankenhäusern als Träger von MVZ ständig ansteigt. Eine ähnlich positive Bilanz zieht die Referentin für die Krankenhäuser im Bereich der ambulanten Operationen. Während hier der Anteil ambulanter Operationen im Krankenhaus im Jahr 1993 lediglich bei einem Prozent lag, ist er im Jahr 2004 bereits auf 28 % angestiegen. Dies zeige deutlich, dass sowohl die Entwicklung bei den MVZ als auch bei den ambulanten Operationen ein deutliches Signal für die Entwicklung der Krankenhäuser zu modernen integrierten Dienstleistungszentren gäben und damit eindeutige Träger einer neuen strategischen Ausrichtung der Krankenhäuser seien.

Dr. Köhler, Vorstand der Kassenärztlichen Bundesvereinigung, sieht ebenfalls eine deutliche Verstärkung der Konkurrenzsituation zwischen Krankenhäusern und Vertragsärzten. Krankenhäuser werden durch die Vergütungssystematik aufgrund der DRGs gezwungen, sich neu zu positionieren, und die Vertragsärzte müssten durch immer mehr chronisch Kranke und die Leistungsverlagerung aus dem stationären Bereich infolge der strikten Budgetierung immer mehr Leistungen für weniger Geld erbringen. In diesem Zusammenhang sieht er die große Gefahr, dass durch Gesundheitskonzerne eine Industrialisierung des Gesundheitswesens entstehen könnte. Dies berge die Gefahr, dass medizinische Belange von wirtschaftlichen Erwägungen eindeutig überlagert werden könnten. Er warnt davor, diesen Gesundheitskonzernen das Feld der Patientenversorgung zu überlassen und ermahnt dafür Sorge zu tragen, dass auch in Zukunft eine qualitativ hochwertige, flächendeckende und für jeden Patienten erreichbare und bezahlbare Versorgung – sowohl ambulant als auch stationär – sichergestellt ist. Eine bessere Kooperation zwischen den stationären und ambulanten Leistungserbringern könnte beispielsweise dadurch erreicht werden, dass u. a. Verträge für die Integrationsversorgung unter Einbeziehung der Krankenhäuser kollektivvertraglich gestaltet würden, d. h. zwischen KVen und einzelnen Krankenkassen oder Krankenkassenverbänden. Man könnte sich dann eine Vertragslandschaft vorstellen, in der Einzel- mit Kollektivverträgen im Wettbewerb miteinander stünden. Ob diese Zersplitterung aber zu einer kostengünstigeren Versorgung führen würde, sei fraglich, da die Versorgung für die Versicherten unübersichtlich werde und zudem sehr aufwendig und teuer sei – letztlich seien die KVen nicht gegen eine sektorübergreifende ärztliche Versorgung. Man müsste aber berechtigterweise die Fragen nach den Outcomes der Integrationsversorgung und dem Zusatznutzen für den Patienten stellen. Eines dürfe jedoch nicht passieren: Eine Versorgung, die den Patienten nichts nutzt, mehr Geld kostet und nur wenigen Leistungserbringern oder Krankenkassen Nutzen bringt. Aus diesen Ausführungen der Vertreter von Krankenhäusern und Vertragsärzten kann man unschwer entnehmen, dass unter dem gegenwärtigen wirtschaftlichen Druck der Wettbewerb um neue Behandlungskonzepte, Versorgungsmodelle, Marktanteile, Patienten und Absicherung der eigenen Rendite bereits voll entbrannt ist. Von Ausblendung der Partikularinteressen der Beteiligten kann in diesen Bereichen keine Rede sein.

Mit großer Spannung wurde der Themenkreis „Zur Problematik einer zentralen Qualitäts- und Nutzenbewertung von Arzneimitteln" erwartet, in denen Dr. Bausch (Ehrenvorsitzender der KV-Hessen und Mitglied des G-BA) Prof. Dr. Sawicki (Leiter des Instituts für Qualität und Wirtschaftlichkeit im Gesundheitswesen), Dr. Schulte-Sasse (Staatssekretär in der Senatsverwaltung in Berlin) und Dr. Meier (Vorstandsvorsitzender der Sanofi-Aventis Deutschland) über die Probleme einer zentralen Nutzenbewertung von Arzneimitteln diskutierten. Es sei dem Autor gestattet, an dieser Stelle sein außerordentliches Bedauern auszudrücken, dass bei Redaktionsschluss kein Beitrag von Prof. Sawicki und von Dr. Schulte-Sasse vorlag. Der interessierte Leser mag nach Lektüre dieses Abschnitts seine eigenen Rückschlüsse ziehen, warum in diesen äußerst kontroversen und problematischen Themenkreis die schriftlichen Beiträge nicht eingereicht wurden. Deshalb kann auch hier nur auf die Referate von Dr. Bausch und Dr. Meier eingegangen werden. Dr. Bausch geht in seinem Vortrag auf die Problematik ein, inwieweit durch eine Arzneimittelbewertung, z. B. die Positivlisten-Kommission, die Hirtenbriefe der KVen oder den Arzneimittelverordungsreport, nicht eine wettbewerbsrechtliche Schmähkritik gegenüber den Produkten der pharmazeutischen Industrie vorliegen würde. Und er weist darauf hin, dass es bezogen auf das Thema Nutzenbewertung bereits in den frühen 90er-Jahren den gleichen Methodenstreit wie heute gab. Auch damals wurden den Kritikern der „umstrittenen Arzneimittel" Ideologielastigkeit und Praxisferne vorgeworfen. An prägnanten Beispielen macht Dr. Bausch deutlich, dass der therapeutische Zusatznutzen nicht eindeutig definiert ist. So ist beispielsweise ein neueres Schleifendiuretikum vom Typ des Torasemids mit Langzeitwirkung und damit milder Diurese dem kurzwirksamen Furosemid Präparat mit Sturzdiurese schon aus praktischer Betrachtung überlegen. Stattdessen wurden aber Langzeituntersuchungen zur Verträglichkeit gefordert, bevor für die kritischen Puristen des Arzneimittelmarktes ein Zusatznutzen erkennbar wurde. Das Problem wurde erst mit Ablauf des Patentschutzes und der Verfügbarkeit von generischen Produkten gelöst, weil wegen der praktischen Begleiterscheinung der Sturzdiurese die Compliance der Furosemid Präparate erheblich reduziert war. Deshalb sei Torasemid zu bevorzugen. Weitere Beispiele für extrem puristische Ansätze in der Vergangenheit waren der Vergleich von Amlodipin gegenüber Nitrendipin durch den Arzneimittelverordungsreport und auch für Glibenclamid gegenüber Glimepirid. Der generische Wettbewerb hat schließlich bei Patentablauf die Nutzenbewertung all dieser schwierigen Probleme gelöst. – Dr. Bausch zeigt auch das gegenwärtige Problem der Nutzenbewertung bei den Analoginsulinen auf, wenn unter der Prämisse der Wirtschaftlichkeit dem preiswerteren Produkt der Vorzug zu geben sei und hierbei sowohl Versicherte als auch Ärzte wegen ihrer positiven Erfahrung aus der tätigen Praxis mit Analoginsulinen eine Umstellung auf ein anderes und dazu noch billigeres Insulin nicht akzeptierten. Dies zeige, dass nur zu oft die Versorgungswirklichkeit zu stark von dem Erkenntnisprozess abweicht, der sich aus der Methodik der IQWiG Nutzenbewertung ergibt und damit auch nur eine geringe Akzeptanz in der Klinik und Praxis findet.

Dr. Meier stellt ausdrücklich klar, dass die Nutzenbewertungen von Arzneimitteln von den forschenden pharmazeutischen Herstellern keineswegs abgelehnt werden. Er bemängelt jedoch, dass die bisherige Praxis der Nutzenbewertung durch das IQWiG sich bisher ausschließlich auf randomisierte Studien beschränkt habe. Obwohl nach internationalen Health Technology Assessments (HTAs) neben randomisierten klinischen Studien auch nicht-randomisierte Studien, Kohorten-Studien, Beobachtungsstudien und Querschnittsstudien in die Bewertung eingeschlossen würden, sind diese bisher vom IQWiG nicht verwendet worden. Es sei offenkundig, dass das IQWiG teilweise selbstgewählte Kriterien zur Studienselektion heranziehe. Das Beispiel der Bewertung der Insulinanaloga, bei dem von 1.102 Fundstellen aus der Literatur letztlich ganze fünf Publikationen (die später um zwei Firmenstudien erweitert wurden) für die Bewertung herangezogen wurden, zeige eindeutig, dass die Transparenz der Bewertungskriterien nicht nachvollziehbar sei. Mit anderen Worten: Der Nutzen wird nicht definiert, aber er wird gemessen.

Dr. Meier gibt ferner zu bedenken, dass die Forderung des IQWiG, bereits zum Zeitpunkt der Zulassung eines Medikamentes patientenorientierte Endpunktstudien vorzulegen, aus praktischen Gründen völlig unrealistisch sei. Das Institut hätte vermutlich übersehen, dass zu diesem Zeitpunkt nur entsprechende Zulassungsstudien vorliegen, die sich in erster Linie auf die Wirksamkeit und Verträglichkeit eines neuen Arzneimittels beziehen. Patientenorientierte Endpunktstudien sind in erster Linie Langzeitstudien mit typischen Patientenkollektiven von 10.000 und mehr Patienten. Schon aus praktischen und finanziellen Gründen sei also der Beginn solcher Studien vor der Erteilung einer Zulassung nicht vorstellbar. Sollte das IQWiG dennoch auf Ergebnisse aus patientenorientierten Endpunktstudien beharren, bestünde die Gefahr, dass eine negative Nutzenbewertung auf der Basis des nicht Vorhandenseins geforderter Endpunktergebnisse zum systematischen Ausklammern neuer Produkte durch das IQWiG führen könne. Dieses und weitere Probleme, die mit fehlender Rechtssicherheit bei IQWiG Bewertungen zusammenhängen, und die Tatsache, dass für Bewertung durch das Institut der Rechtsweg ausgeschlossen ist, zeigen, dass die gegenwärtige Situation aus Sicht der forschenden Arzneimittelhersteller nicht akzeptabel ist.

In dem vorliegenden Band haben die Organisatoren der Bad Orber Gespräche dem Thema „Qualität und Nutzen medizinischer Leistungen auf dem Prüfstand" durch die Auswahl der Festvorträge und die Themenkreise, aber auch durch die qualitative Besetzung des Symposiums durch ausgewiesene Spezialisten einen sehr hochwertigen Rahmen gegeben. Auf der anderen Seite zeigen die Referate und Diskussionen, wie schwierig es ist, in einem mit unüberschaubaren Partikularinteressen und teilweise ideologisierter Meinungsbildung besetzten Gesundheitswesen konsensfähige Lösungsansätze zu finden. Es stimmt schon nachdenklich, wenn allein im Bereich der Qualitäts- und Nutzenbewertung der Weg zu kompromissfähigen Lösungen so mühsam ist. Man muss sich dann schon fragen, was uns erwartet, wenn andere Schwerpunkte wie die Entpolitisierung des Leistungskatalogs der GKV, der Abschied von der ausschließlichen Umlagefinanzierung und das Aufbrechen der korporatistischen Marktbeschränkungen in die gesundheitspolitische Entscheidungsfindung gelangen werden.

Begrüßung

Klaus Knabner

Meine sehr geehrten Damen und Herren,

heute freue ich mich, Sie zu einem Jubiläum begrüßen zu können. Mit den diesjährigen Bad Orber Gesprächen veranstalten wir das zehnte Symposion zu kontroversen Themen im Gesundheitswesen – und wir können, so glaube ich, feststellen: Die Bad Orber Gespräche sind ein fester Bestandteil in der Diskussionskultur von Entscheidungsträgern im deutschen Gesundheitswesen geworden.

Dass dies so ist, haben wir ganz besonders zwei Persönlichkeiten zu verdanken: Meinem Vorgänger bei der Schering Deutschland GmbH, Herrn Dr. Manfred Albring, der dem Unternehmen nach seinem Wechsel in der tätigen Ruhestand weiterhin verbunden ist und der auch in diesem Jahr die Organisation und den Inhalt des Symposions gestaltet hat. Ganz maßgeblichen Einfluss auf den Erfolg der Bad Orber Gespräche hat zweifellos der Chairman dieser Veranstaltung, Herr Professor Eberhard Wille. Sie beide zeichnen seit nunmehr neun Jahren und für zehn Symposien verantwortlich – für Ideen, Themen, Drehbuch und Referenten, die mit ihren Beiträgen jeweils den Stoff für ein ganzes Buch liefern. Sie beide, Herr Professor Wille und Herr Dr. Albring, haben es verstanden, den besonderen Charakter der Bad Orber Gespräche zu prägen: nämlich den offenen und oft kontroversen Meinungsaustausch zwischen den verschiedenen Playern im Gesundheitswesen. Ich würde mir wünschen, dass wir diese Kultur des offenen Dialogs, der gerade im Gesundheitswesen aufgrund der häufig divergierenden Interessen nicht möglich ist, in Zukunft weiter pflegen können. Nochmals meinen ganz herzlichen Dank.

Nicht zuletzt spielen aber auch Glück und Zufall eine Rolle beim Erfolg. Als die diesjährigen Bad Orber Gespräche und ihr Thema geplant wurden, wusste niemand und konnte niemand wissen, dass der Bundeskanzler am Tag der dramatisch verloren gegangenen Landtagswahl in Nordrhein-Westfalen die Entscheidung treffen würde, die Vertrauensfrage zu stellen, um damit Neuwahlen für den Bundestag herbeizuführen. Noch weniger war das Wahlergebnis und in der Folge dessen absehbar, dass in diesem Herbst schwierige und langwierige Verhandlungen zur Bildung einer großen Koalition bevorstehen würden. Nicht im entferntesten war daran zu denken, dass gerade an dem Wochenende, an dem die Bad Orber Gespräche stattfinden, diese Koalitionsverhandlungen ihren Abschluss finden sollen. Nur eines wissen wir aus der Erfahrung vorangegangener großer Gesundheitsreformen: Allesamt sind sie das Ergebnis eines mühsam gesuchten Kompromisses der beiden großen Volksparteien.

Deshalb spricht es schon für ausgeprägte Intuition, das Thema für die nächsten beiden Seminartage so abgesteckt zu haben, dass wir Erkenntnisse gewinnen können darüber, wie die große Koalition die nächste Gesundheitsreform gestalten könnte und wie die Beteiligten und Betroffenen im Gesundheitswesen damit umgehen könnten.

Denn eines scheint klar: Gerade wegen der gegenwärtig nahezu unüberwindbaren Probleme, die Finanzierung der gesetzlichen Krankenversicherung so zu reformieren, dass die Ausstattung des Gesundheitssystems wieder komfortabler wird, rückt die Angebotsseite wieder in den Vordergrund der Diskussion. Bei der letzten Gesundheitsreform hat sich der Gesetzgeber für eine merkwürdig erscheinende Dichotomie entschieden: Bestärkt durch die Rechtsprechung des Bundesverfassungsgerichtes hat er die Position und Funktion des Gemeinsamen Bundesausschusses aufgewertet, die Krankenhäuser darin integriert, den Patienten Beteiligungsrechte gegeben und den Bundesausschuss mit dem ihm zugeordneten Institut für Qualität und Wirtschaftlichkeit Fachkompetenz an die Seite gestellt. Vor allem für die Bewertung von medizinischen Methoden unter dem Aspekt ihres Nutzens und ihrer Wirtschaftlichkeit ist damit das Prinzip von „gemeinsam und einheitlich" noch einmal gestärkt worden. Umgekehrt gibt es seit der Gesundheitsreform von 1993 eine ganz klare Strömung im System der gesetzlichen Krankenversicherung zu mehr Wettbewerb und wettbewerblicher Differenzierung. Gerade die wettbewerbliche Organisation der Integrationsversorgung, so wie sie auf der Basis der letzten Gesundheitsreform unter Ausschluss der monopolistisch strukturierten Kassenärztlichen Vereinigungen ausgestaltet worden ist, ist ein Beleg dafür, dass die Gesundheitspolitik auch in wettbewerblichen Suchprozessen einen Weg sieht, Qualität und Wirtschaftlichkeit zu verbessern.

Der heutige Abend wird uns das Fundament für die aktuelle Diskussion schaffen: Mit einer Einführung in das Verhältnis von staatlicher Steuerung, korporativer Koordination und Marktelementen durch Herrn Professor Wille; mit einer Zwischenbilanz und den Perspektiven der Arbeit des Gemeinsamen Bundesausschusses durch Herrn Dr. Rainer Hess und einer Bewertung des Leistungskatalogs der GKV aus medizinisch-ethischer Sicht durch Herrn Professor Jörg Dietrich Hoppe. Seien Sie beide herzlich begrüßt.

Staatsrechtler haben morgen früh das erste Wort: die Professoren Ingwer Ebsen und Christian Koenig, die die Kompetenzen des Gemeinsamen Bundesausschusses aus staatsrechtlicher Sicht beleuchten werden. Schließlich hoffe ich, dass die beiden dann folgenden Referenten, Professor Heiner Raspe und Professor Matthias von der Schulenburg, uns vermitteln können, wie bei der Qualitäts- und Nutzenbewertung Medizin und Ökonomie zusammengeführt werden können.

Morgen Nachmittag, so hoffe ich, werden wir Einblicke in die Praxis nehmen können: in den Qualitäts- und Versorgungswettbewerb von Krankenhäusern und Vertragsärzten. Zu Wort kommen Dr. Frank Ulrich Montgomery, als Vorsitzender des Marburger Bundes Gewerkschaftsführer, der aktuell für 30-prozentige Gehaltserhöhungen und bessere Arbeitsbedingungen für die Klinikärzte kämpft. Als Pendant dazu wird Eugen Münch, ein erfolgreicher Klinik-Unternehmer, darlegen, unter welchen Bedingungen Qualität und Wettbewerb – und vielleicht auch angemessene Arbeitsbedingungen für Ärzte – kein Widerspruch sind. Susanne Renzewitz von der Deutschen Krankenhausgesellschaft und der Vorstandsvorsitzende der Kassenärztlichen Bundesvereinigung Dr. Andreas Köhler werden den Wettbewerb zwischen ambulanter und stationärer Versorgung analysieren.

Am Samstagvormittag werden wir uns dem Problem der zentralen Qualitäts- und Nutzenbewertung bei Arzneimitteln zuwenden. Die ersten Projekte dazu sind im Institut für Qualität und Wirtschaftlichkeit angelaufen. Die Kriterien, nach denen das Institut arbeitet, wird sein Leiter Professor Peter Sawicki erläutern. Dr. Jürgen Bausch, der lange Jahre im Bundesausschuss an und mit diesem Problem gearbeitet hat und nun wieder in die Praxis zurückgekehrt ist, wird aus der Perspektive des praktizierenden Arztes erläutern, was zentrale Nutzenbewertung bedeutet. Dr. Hermann Schulte-Sasse, er ist gelernter Internist, aber seit langem in der politischen Administration und jetzt als Gesundheitsstaatssekretär in Berlin tätig, gilt als Verfechter der Evidenzbasierten Medizin und als energischer Kritiker ihrer missbräuchlichen, weil verengten Anwendung durch System-Funktionäre.

Leider sind auch Referenten der Bad Orber Gespräche gegen Krankheit nicht immun. Ich bedaure außerordentlich, dass Dr. Karl Schlingensief, der Vorstandsvorsitzende von Hoffmann LaRoche in Deutschland, und ganz aktuell Professor Gerd Glaeske aus gesundheitlichen Gründen ihre Teilnahme absagen mussten. Umso dankbarer bin ich, dass Herr Heinz-Werner Meier, der Vorsitzende der Geschäftsleitung von Sanofi-Aventis in Deutschland kurzfristig für Herrn Schlingensief eingesprungen ist.

Meine Damen und Herren,

ganz herzlichen Dank auch für die Unterstützung der Bad Orber Gespräche durch unseren Mitveranstalter Vivantes und seinen Vorstandsvorsitzenden Wolfgang Schäfer.

Als Albert Einstein Pablo Picasso trifft, sagt er: „Watch this space for a meeting of great minds". In diesem Sinne wünsche ich uns allen in den nächsten Tagen offene und fruchtbare Diskussionen und neue Erkenntnisse.

Die GKV zwischen staatlicher Steuerung, korporativer Koordination und Marktelementen

Eberhard Wille

Die korporative Koordination als Allokationsmechanismus

Das Allokationsproblem wurzelt in der Knappheit der volkswirtschaftlichen Ressourcen, da diese nicht ausreichen, um alle Ansprüche bzw. Wünsche der Wirtschaftssubjekte zu befriedigen. Dieses Selektionsproblem stellt sich im privaten Wirtschaftssektor ebenso wie im öffentlichen und auch in den diversen Wirtschaftsbereichen, wie im Gesundheitswesen. In positiver Formulierung beinhaltet die Allokation die Aufteilung knapper Ressourcen auf verschiedene Produktionsprozesse bzw. die Zuordnung begrenzter Mittel auf konkurrierende Wirtschaftspläne. Negativ betrachtet, handelt es sich um einen – freilich unumgänglichen – Ausschluss von Vorhaben, die bei unbegrenztem Ressourcenfundus durchaus ihre Berechtigung besitzen mögen. Auch Projekte, die einen positiven Bruttonutzen aufweisen, stehen miteinander in Konkurrenz um die knappen Ressourcen. Das Postulat, eine optimale Allokation zu realisieren, basiert auf einem normativen Ansatz, der auffordert, mit den vorhandenen Ressourcen ein Höchstmaß an gesellschaftlicher Wohlfahrt zu erzielen.

Da das Allokationsproblem in jedem Wirtschaftssektor einer Lösung bedarf, verknüpft Abb. 1 die ökonomischen Subsysteme mit den jeweiligen Entscheidungseinheiten und den zugehörigen Koordinationsinstrumenten bzw. Allokationsmechanismen. Wie Abb. 1 veranschaulicht, treten Allokationsprobleme auch in einer marktwirtschaftlich orientierten bzw. gemischten Wirtschaftsordnung auf zwei Ebenen auf. Zunächst konkurrieren die drei Wirtschaftssektoren um die knappen Ressourcen, und diese globale Aufteilung der Mittel auf diese drei Subsysteme bestimmt die gesamtwirtschaftliche Allokation. So vermag bei einem konstanten Anteil des intermediären Sektors der öffentliche nur dann überproportional zu wachsen, wenn der private Sektor relativ abnimmt. Innerhalb der drei Sektoren stehen den jeweils verfügbaren Ressourcen aber wiederum nahezu unbegrenzte Ansprüche bzw. konkurrierende Vorhaben gegenüber, so dass es auch in diesen Subsystemen eines Selektions- bzw. Allokationsmechanismusses bedarf. Dabei dient im privaten Wirtschaftssektor der Markt- und Preismechanismus als allokatives Koordinationsinstrument, während im öffentlichen Sektor die öffentliche Planung bzw. der budgetäre Willensbildungsprozess diese Aufgabe übernimmt. Neben diesen beiden dominanten Wirtschaftssektoren gibt es noch einen intermediären Bereich, der in Abhängigkeit von den jeweiligen Entscheidungseinheiten in unterschiedlicher Mischung Elemente öffentlicher und privater Aktivität aufweist. In diesem intermediären Sektor fungiert die korporative Koordination teilweise als Allokationsmechanismus.

Der Korporativismus bildet somit ein alternatives Koordinationsinstrument zum Markt- und Preismechanismus sowie zur öffentlichen Planung. Er kann darüber hinaus auch im öffentlichen und/oder im privaten Wirtschaftssektor, d. h. im Rahmen der beiden anderen Allokationsmechanismen, subsidiär zum Einsatz kommen (siehe ausführlicher Sachverständigenrat zur Begutachtung der Entwicklung im Gesundheitswesen 2005, Ziffer 42). Eine allokativ dominante Rolle spielt der Korporativismus bei den Tarifverhandlungen zwischen Gewerkschaften und Arbeitgebern sowie im deutschen Gesundheitswesen, und hier vor allem im Rahmen der vertragsärztlichen und -zahnärztlichen Versorgung bei der gemeinsamen Selbstverwaltung zwischen Krankenkassen und ärztlichen Organisationen (vgl. Gerlinger, T. 2002). Dabei weist das deutsche Gesundheitswesen die Besonderheit auf, über seine Teilmärkte alle drei Steuerungskonzepte zu umfassen. So bilden im Rahmen der ambulanten Versorgung der Korporativismus und im stationären Sektor die öffentliche Planung bzw. die staatliche Administration jeweils die zentralen Steuerungskonzepte, während bei den Arznei- und den meisten Hilfsmitteln im Wesentlichen der Markt- und Preismechanismus die knappen Ressourcen alloziiert.

Hinsichtlich der Allokationsprozesse im Gesundheitswesen geriet wegen seiner seit einigen Jahren unbefriedigenden Ergebnisse vor allem der Korporativismus ins Zentrum der Kritik. Angesichts der zuletzt oft langwierigen und ergebnisarmen Kollektivverhandlungen im Rahmen der Gemeinsamen Selbstverwaltung rückten auch die Befugnisse und die Existenzberechtigung der Kassenärztlichen Vereinigungen (KVen) in den Mittelpunkt kontroverser Diskussionen. In diesem Kontext geht es letztlich darum, ob eine Verbesserung der Allokationsprozesse einen vollständigen oder zumindest teilweisen Ersatz des Korporativismus durch andere Steuerungsinstrumente erfordert. Bei einer zielorientierten Analyse der Stärken und Schwächen des Korporativismus stellt allerdings nicht das theoretische Konstrukt der optionalen Allokation, sondern die komparative Leistungsfähigkeit der beiden alternativen Koordinationsinstrumente die wirtschafts- bzw. gesundheitspolitisch adäquate Benchmark dar.

Abbildung 1: Das gesamtwirtschaftliche Allokationssystem

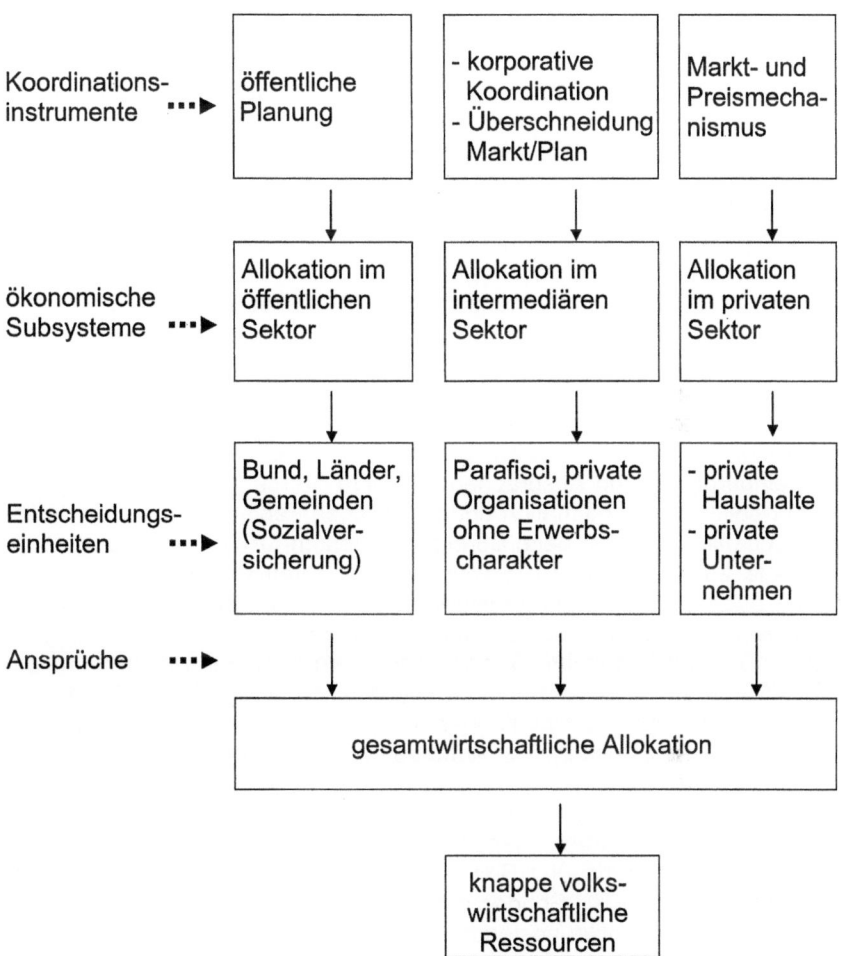

Quelle: Eigene Darstellung

Korporative Organisationen als intermediäre Entscheidungseinheiten

Der Korporativismus beruht auf Vereinbarungen, die Organisationen als private Verbände oder Körperschaften des öffentlichen Rechts in vielfältigen Vertragsformen und mit unterschiedlicher Verbindlichkeit für ihre Mitglieder schließen. Diese Organisationen vertreten die Interessen ihrer Mitglieder gegenüber den Vertragspartnern durch Delegierte bzw. Funktionäre. Um die spezifischen Eigenschaften und Aufgaben von korporativen Organisationen im Gesundheitswesen zu verdeutlichen, erscheint es zunächst sinnvoll, ihre Position als intermediäre Entscheidungseinheiten zwischen privatem und öffentlichem Wirtschaftssektor zu beleuchten. Der private Sektor umfasst neben privaten Haushalten und privaten Unternehmen auch private Verbände und Vereinigungen. Die privaten Verbände als korporative Organisationen versuchen, ihre gruppenspezifischen Interessen gegenüber den politischen Entscheidungsträgern zu vertreten und durchzusetzen. Sofern ihnen dies gelingt, führen solche Vereinbarungen und Absprachen zu einem „Verbändestaat" mit fragwürdiger politischer Legitimation und erheblichen Fehlallokationen (vgl. Wissenschaftlicher Beirat beim Bundesministerium für Wirtschaft und Technologie 2000, S. 2077ff.). Solche privaten Interessenverbände gibt es zwar auch im Gesundheitswesen, sie stellen aber kein Spezifikum dieses Wirtschaftsbereiches dar. Bei der Frage nach der Leistungsfähigkeit des Korporativismus im Gesundheitswesen geht es weniger um die rechtlichen und ökonomischen Schwachstellen eines „Verbändestaates", als vielmehr um die Handlungen von Organisationen, die hoheitliche Rechte bei der Erfüllung ihrer Aufgaben wahrnehmen.

Der öffentliche Sektor schließt neben der Europäischen Gemeinschaft und den Gebietskörperschaften, d. h. Bund, Länder und Gemeinden, auch die Kreditfonds und Sondervermögen, wie z. B. den Lastenausgleichfonds, das ERP-Sondervermögen, den Fonds „Deutsche Einheit" und den Erblastentilgungsfonds ein (vgl. Andel, N. 1998, S. 12f.). Je nach Abgrenzung bzw. Erkenntnisinteresse gehören auch die Sozialfisci, d. h. die Träger der Sozialversicherung, zum öffentlichen Sektor. Grundlegende Merkmale öffentlicher Aktivität bilden die – zumeist unentgeltliche – Bereitstellung öffentlicher Güter, die Ausübung von Hoheitsrechten, die Finanzierung durch Zwangseinnahmen und die fehlende Absicht einer Gewinnerzielung. Die intermediären Entscheidungseinheiten grenzen sich von den privaten dadurch ab, dass sie zumindest ein Element öffentlicher Aktivität aufweisen. So verfügen z. B. die Stände- und Kirchenfisci über Zwangseinnahmen und streben, ähnlich wie private Organisationen ohne Erwerbscharakter, keine Gewinnerzielung an. Die Ständefisci bzw. Kammern nehmen darüber hinaus öffentliche Aufgaben mit hoheitlichem Auftrag wahr. Der Staat delegiert bestimmte Aufgaben an solche Organisationen, wie z. B. die Qualitätssicherung, an die Kammern. Zum einen, um seine Administration zu entlasten und zum anderen, um problemnahe und sachkundige Entscheidungen zu ermöglichen. Kirchenfisci und private Organisationen ohne Erwerbscharakter besitzen zwar keine Hoheitsrechte, stellen aber in einigen Bereichen, z. B. im Gesundheits- und Bildungswesen und im Rahmen der Entwicklungshilfe ähnliche Güter, wie öffentliche Entscheidungseinheiten zur Verfügung.

Im Mittelpunkt der korporativen Koordination im Gesundheitswesen stehen die Kammern und andere Körperschaften des öffentlichen Rechts, wie KVen und Krankenkassen, die hoheitliche Aufgaben wahrnehmen. Diese Organisationen, wie die Kammern und die KVen, verfolgen zwar einerseits die berufsständischen Interessen ihrer Mitglieder, sie entlasten andererseits im Sinne des Subsidiaritätsprinzips die öffentlichen Entscheidungseinheiten. Aus der Doppelfunktion einer berufsständischen Interessenvertretung und einer Wahrnehmung hoheitlicher Aufgaben erwächst ihre Janusköpfigkeit. Im Gegensatz dazu verfolgen die privaten Verbände im Gesundheitswesen, wie z. B. der Hartmann Bund, der Marburger Bund, der Freie Verband Deutscher Zahnärzte und die einzelnen Verbände der pharmazeutischen Industrie, jenseits von hoheitlichen Aufgaben ausschließlich gruppenspezifische Interessen. Bei erfolgreicher Lobbyarbeit können sie die politischen Entscheidungsträger allerdings in ihrem Sinne beeinflussen, so dass die Gesundheitspolitik Elemente des „Verbändestaates" annimmt. Diese privaten Verbände avancieren aber auch durch eine erfolgreiche Einflussnahme noch nicht – wie die Körperschaften des öffentlichen Rechts – zu Trägern hoheitlicher Aufgaben im Rahmen der Gesundheits- und Sozialpolitik.

Im korporativen System des deutschen Gesundheitswesens und hier insbesondere in der gesetzlichen Krankenversicherung (GKV) wirken auch einige Organisationen des privaten Rechts, die keine Zwangsmitgliedschaft aufweisen, qua gesetzlicher Bestimmungen bei der Erfüllung öffentlicher Aufgaben mit. Hierzu gehören neben anderen privaten Verbänden[1] vor allem die Bundesärztekammer, die Bundesverbände der Krankenkassen, die Verbände der Ersatzkassen und die Deutsche Krankenhausgesellschaft (DKG). Das SGB V übertrug diesen Organisationen u. a. im Gemeinsamen Bundesausschuss (§ 91) und bei der Qualitätssicherung (§ 135ff.) in allokativer Hinsicht relevante Mitwirkungsrechte. So nimmt die DKG im Gemeinsamen Bundesausschuss (GBA) hinsichtlich

---

[1] So z. B. die Spitzenorganisation der Apotheker (§ 129), die Bundesverbände der Krankenhausträger (§ 137c), der Verband der privaten Krankenversicherung und die Berufsorganisationen der Krankenpflegeberufe (§ 137).

der Allokation im stationären Sektor ähnliche Aufgaben wahr, wie die KBV als öffentliche Körperschaft im Rahmen der ambulanten Behandlung.

Politischer Stellenwert und allokative Schwachstellen

Die Entwicklung und der politische Stellenwert des Korporativismus wiesen in den letzten Jahrzehnten höchst unterschiedliche Tendenzen auf. Während das 2. GKV-Neuordnungsgesetz (2. GKV-NOG) von 1997 noch unter der Devise „Vorfahrt für die Selbstverwaltung" stand, versuchte das GKV-Gesundheitsmodernisierungsgesetz von 2004, die korporativen Steuerungselemente durch wettbewerblich dezentrale Prozesse aufzulockern bzw. partiell zu ersetzen. In Fortsetzung dieser Tendenz strebt der Koalitionsvertrag vom 11. November 2005 an, die Effizienz der Gesundheitsversorgung „durch eine wettbewerbliche Ausrichtung zu verbessern" und durch die Schaffung flexiblerer Rahmenbedingungen den „Wettbewerb um Qualität und Wirtschaftlichkeit"[2] zu intensivieren.

In Richtung einer Stärkung des Korporativismus wirkten zunächst die 1977 einsetzenden Kostendämpfungsmaßnahmen, indem sie die Aufgaben der Krankenkassen verstärkt auf die Landes- und von dieser auf die Bundesebene verlagerten und die Krankenkassen vermehrt zu gemeinsamen und einheitlichen Vertragsverhandlungen mit den KVen verpflichteten (vgl. Falk, W. 2004). Die Erweiterung der Kompetenzen des Bundesausschusses der Ärzte und Krankenkassen stärkte ebenfalls die zentrale korporative Steuerung. Die korporativen Steuerungselemente nahmen jedoch am stärksten im stationären Sektor zu, was sich u. a. in der Schaffung eines „Ausschusses Krankenhaus" (§ 137c SGB V) manifestierte. Der GBA, der die bisherigen Ausschüsse ablöste, bildet quasi eine zentrale korporative „Super-Organisation".

Obgleich Wissenschaft und Politik in den letzten Jahren die allokativen Schwachstellen des Korporativismus häufig betonten und mehr wettbewerbliche Steuerungselemente im Gesundheitswesen forderten, befinden sich letztere im Leistungsbereich der GKV immer noch in *statu nascendi*. Bescheidene Anfänge machten hier die mit dem 2. GKV-NOG eingeführten Modellvorhaben (§ 63-65 SGB V) und Strukturverträge (§ 73a SGB V) sowie die integrierten Versorgungsformen (§ 140a-h) des GKV-Gesundheitsreformgesetzes 2000. Das GKV-Gesundheitsmodernisierungsgesetz von 2004 erweiterte und verbesserte die Voraussetzun-

---

[2] Gemeinsam für Deutschland – mit Mut und Menschlichkeit, Koalitionsvertrag zwischen CDU, CSU und SDP vom 11.11.2005, S. 87f.

gen für dezentrale Wettbewerbsprozesse zwar spürbar, die auf Einzelverträgen basierende integrierte Versorgung erreicht aber derzeit immer noch nicht einen Anteil von einem Prozent der GKV-Gesamtausgaben. Die Disease Management- bzw. strukturierten Behandlungsprogramme bei chronischen Krankheiten stärkten wiederum durch ihre Anbindung an den Risikostrukturausgleich insofern den Korporativismus, als die Krankenkassen eine möglichst flächendeckende Einschreibung der Patienten am besten über Kollektivverträge mit den KVen erreichen konnten. Dieser Befund und die Errichtung des GBA verdeutlichen, dass Aus- und Abbau korporativer Steuerungselemente – trotz aller politischen Bekundungen für mehr dezentrale Wettbewerbsprozesse – auch derzeit noch gleichzeitig stattfinden.

Unbeschadet des im Zeitablauf uneinheitlichen Auf- und Abbaus korporativer Steuerungselemente weist dieses Koordinationsinstrument einige offenkundige allokative Mängel auf. Der Korporativismus ver- oder behindert vor allem durch die folgenden Inflexibilitäten eine Steigerung von Effizienz und Effektivität der Gesundheitsversorgung (vgl. Wille, E. 2006, S. 9):

- Die Krankenkassen verfügen im Leistungs- und Vertragsbereich über zu geringe Wettbewerbsparameter, um z. B. über kassenspezifische Satzungsleistungen die Präferenzen ihrer Versicherten besser erfüllen zu können.
- Die Bedarfsplanung führt unabhängig von Qualitätsaspekten bzw. -kriterien zum Ausschluss von Leistungserbringern. Die korporativen Organisationen tendieren dazu, mit einer Verteidigung des Status quo den Besitzstand ihrer Mitglieder zu schützen.
- Bei starren Budgets agieren die ambulanten Vertragsärzte nur als Mengen- oder Qualitätsanpasser, was im Zuge eines *circulus vitiosus* Über- und Fehlversorgungen induziert.
- Im stationären Sektor führt die duale Finanzierung zu Fehlallokationen und zudem infolge unterschiedlicher Zuschüsse der jeweiligen Träger zu Wettbewerbsverzerrungen.
- Für einen funktionsfähigen Wettbewerb zwischen ambulantem und stationärem Sektor sowie Rehabilitation und Pflege fehlen an den jeweiligen Schnittstellen einheitliche Leistungsdefinitionen, gleiche (Mindest-) Qualitätsstandards und dieselben Vergütungen für gleiche Leistungen.

- Der GBA trägt nicht zur Überwindung der sektoralen Begrenzungen der Gesundheitsversorgung bei, sondern fasst die medizinisch wie ökonomisch fragmentierten Bereiche lediglich unter einem „formalen Dach" zusammen. Da er nur bestimmte Organisationen von Leistungserbringern umfasst, weckt er bei den übrigen die Befürchtung von „Verträgen zu Lasten Dritter". Diese Gefahr bildet eine konstitutive Schwäche des Korporativismus.
- Im Rahmen der Arzneimitteldistribution setzen das Fremdbesitzverbot und der sehr eingeschränkte Mehrbesitz einem intensiven Wettbewerb enge Grenzen.

Zur Implementierung wettbewerblicher Strukturen

Das deutsche Gesundheitswesen schneidet hinsichtlich seines Leistungsangebotes und Versorgungsstandards auch im internationalen Vergleich gut ab. Die GKV bietet einen umfangreichen Leistungskatalog und konfrontiert die Patienten kaum mit Rationierungen. Trotz dieser Vorzüge weisen das deutsche Gesundheitswesen und die GKV noch Über-, Unter- und Fehlversorgung auf. Diese Schwachstellen zeigen sich insbesondere an den Schnittstellen zwischen ambulanter und stationärer Behandlung sowie Rehabilitation und Pflege und dem mangelnden (Qualitäts-)Wettbewerb um effiziente und effektive Strukturen.

Als Indiz für die Effizienz- und Effektivitätsreserven gilt die Zersplitterung, die auf Seiten der Leistungserbringer und der Krankenkassen und -versicherungen vorherrscht. Die Vielzahl der ambulanten Einzelpraxen, partielle Überversorgung und noch unzureichende Kompetenzbündelung im stationären Sektor, ca. 21.000 Apotheken sowie über 250 Krankenkassen deuten nicht auf einen intensiven Wettbewerb hin. Diese Strukturen wurzeln einerseits in einer inadäquaten wettbewerblichen Rahmenordnung und ver- bzw. behindern andererseits einen funktionsfähigen Wettbewerb.

Um die Inflexibilitäten des Korporativismus zu überwinden, bieten sich dezentrale Wettbewerbsprozesse in Form von selektiven Vertragsverhandlungen zwischen Krankenkassen und Leistungserbringern an (siehe auch Arbeitsgemeinschaft deutscher wirtschaftswissenschaftlicher Forschungsinstitute e. V. 2005, S. 41). Dabei lassen sich zwei Wettbewerbsebenen unterscheiden: Auf der ersten suchen die Krankenkassen nach gewissen Auswahlkriterien für ihr Versichertennetz geeignete Leistungserbringer und diese wiederum für ihr Versorgungsangebot passende Krankenkassen. Auf der zweiten, quasi nachgelagerten Ebene entscheiden sich die Patienten für bestimmte Leistungserbringer. Ein (partieller) Übergang von Kollektivverträgen, die auf der ersten Ebene nun (teilweise) entfallen, zu selektivem Kontrahieren setzt sowohl bei den Krankenkassen als auch bei den Leistungserbringern Anreize zu Zusammenschlüssen bzw. zu einer Intensivierung bereits vorhandener Konzentrationsprozesse. In diesem Kontext gilt es, die entsprechenden Normen des deutschen und europäischen Wettbewerbs- und Vergaberechts zu beachten. Die Krankenkassen können wettbewerbsrechtlichen Problemen durch eine öffentliche Ausschreibung vorbeugen, die transparente und objektivierbare Kriterien beinhaltet.

Der Wettbewerb stellt auch im Gesundheitswesen keinen Selbstzweck, sondern ein Instrument zur Erfüllung gesamtwirtschaftlicher Ziele dar. Es kann insofern nicht darum gehen, die korporative Koordination „um jeden Preis" durch dezentrale Wettbewerbsprozesse zu ersetzen. Da alle Steuerungskonzepte spezifische Vor- und Nachteile aufweisen, belegen auch offenkundige Schwachstellen des Korporativismus noch nicht zwingend die Notwendigkeit, die korporative Koordination ganz oder teilweise durch andere Steuerungskonzepte zu ersetzen. Ob sich unter gesamtwirtschaftlichen Aspekten eine Abschaffung oder Einschränkung des Korporativismus im Gesundheitswesen anbietet, hängt davon ab, inwieweit alternative Steuerungskonzepte die fiskalischen, allokativen und verteilungspolitischen Zielsetzungen per saldo besser erfüllen. In diesem Kontext steht die Existenz der KVen auch nur dann zur Disposition, wenn andere Akteure bzw. Institutionen die entsprechenden Aufgaben effizienter und effektiver wahrnehmen können.

Bei der Forderung, korporative Steuerungselemente durch dezentrale Wettbewerbsprozesse ganz oder teilweise zu ersetzen, gilt es allerdings zu beachten, dass Wettbewerbsprozesse zwar eine notwendige Bedingung für einen funktionsfähigen Wettbewerb bilden, aber auch im Rahmen der beiden anderen Allokationsmechanismen auftreten können. So konkurrieren z. B. im Rahmen der korporativen Selbstverwaltung die Vertragsärzte innerhalb der KVen um Mandate. Die Ergebnisse dieses Wettbewerbs um Mandate können die Vergütungsmodalitäten im vertragsärztlichen Bereich und über die Preisrelationen auch die Mengen innerhalb der ambulanten Versorgung beeinflussen. Zudem stehen die niedergelassenen Ärzte in einem teilweise intensiven Wettbewerb um Patienten. Diese kursorischen Überlegungen zeigen bereits, dass sich Korporativismus und Wettbewerb nicht zwangsläufig ausschließen. Reformen, z. B. bei der Zulassung zur vertragsärztlichen Tätigkeit und im Vergütungsbereich, könnten auch innerhalb der korporativen Koordination den (Qualitäts-) Wettbewerb stimulieren.

Fiskalische und Vergütungsaspekte

Wie Abb. 2 zeigt, nahmen die Ausgaben der GKV für die vertragsärztliche Behandlung in den letzten 25 Jahren deutlich unterproportional zu den gesamten Leistungsausgaben und weitaus schwächer als die entsprechenden Ausgaben für stationäre Behandlung und für Arzneimittel zu. Das fiskalische Ziel der Beitragssatzstabilität ließ sich – unabhängig von seiner allokativen Berechtigung – mit Hilfe der korporativen Koordination vergleichsweise besser realisieren als im Bereich des stationären Sektors und der Arzneimittel durch alternative Steuerungskonzepte. Der relativ moderate Ausgabenanstieg geht vor allem auf die sektorale Budgetierung in Verbindung mit den Durchgriffsmöglichkeiten zurück, die KVen als Körperschaften des öffentlichen Rechtes im Unterschied zu privaten Verbänden gegenüber ihren Mitgliedern besitzen.

Die KVen nehmen im Rahmen der vertragsärztlichen Vergütung bei finaler Betrachtung keine monopol- oder kartellartige Position ein. Zunächst streben die KVen im Unterschied zu Unternehmen nicht nach Gewinn. Sodann bestehen im Unterschied zum unternehmerischen Monopol innerhalb der KVen teilweise erhebliche Interessengegensätze zwischen den einzelnen ärztlichen Gruppierungen. Zudem können die KVen die Preise ärztlicher Leistungen nicht autonom bestimmen, sondern handeln eine Gesamtvergütung mit den Krankenkassen aus. Infolge der sektoralen Budgetierung führt eine Ausdehnung der Leistungsmenge zu sinkenden Preisen und u. U. im Zuge eines „Hamsterradeffektes" zu einem erheblichen Preisverfall. In diesem Kontext bilden nicht die zu hohen Preise, sondern die teilweise medizinisch bedenkliche Mengenausweitung das Problem. Es ergeben sich somit fast umgekehrte Ergebnisse wie im unternehmerischen Monopol mit dem aus wohlfahrtstheoretischer Sicht zu hohen Preis und der zu niedrigen Menge.

Eine Auflösung der KVen dürfte mit einer Stärkung bestehender und einer Gründung neuer ärztlicher Verbände privaten Rechts einhergehen. Es steht zu erwarten, dass solche gewerkschaftlich organisierten Verbände bei Vergütungsverhandlungen deutlich aggressiver auftreten als bisher die KVen, die hier teilweise auch innerärztlich vermitteln. Ferner verursacht eine Abschaffung der KVen, d. h. ein totaler Übergang zu einzelvertraglichen Regelungen, sehr wahrscheinlich höhere Transaktionskosten (vgl. Rebscher, H. 2005, S. 9). So schlossen die Krankenkassen bei den Disease Management-Programmen (DMPs) nicht mit einzelnen Ärzten oder kleineren Gruppen, sondern überwiegend mit den KVen entsprechende Verträge. Die KVen vermögen insofern auch aus der Sicht der Krankenkassen die DMPs flächendeckend und kassenübergreifend wirksamer zu organisieren als alternative Akteure. Diese Feststellung gilt unabhängig von einer wettbewerblichen Beurteilung der DMPs mit ihrer fragwürdigen Anbindung an den Risikostrukturausgleich (vgl. Wille, E.,/Resch, S. 2005, S. 25ff). Insgesamt gesehen dürfte eine Suspendierung der korporativen Koordination und mit ihr die Abschaffung der KVen die fiskalische Situation der GKV kaum verbessern.

Abbildung 2: Wachstum der GKV-Leistungsausgaben*⁾

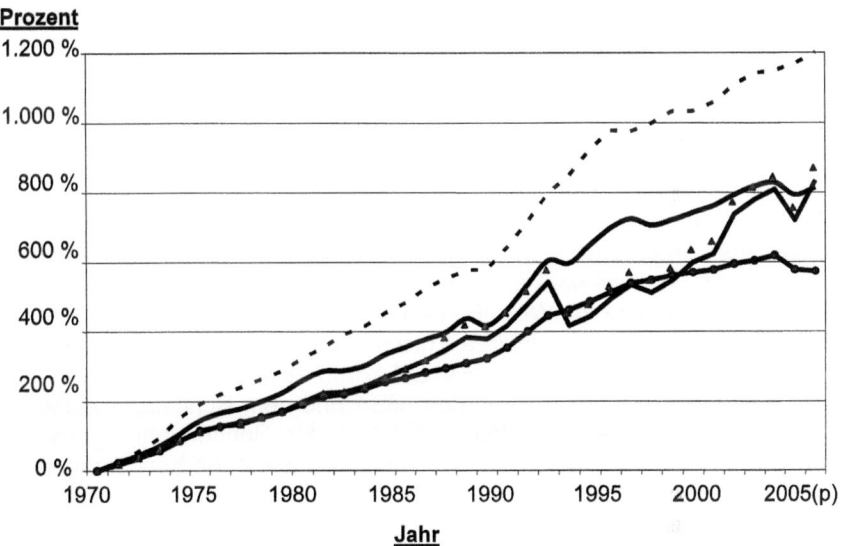

— Leistungsausgaben gesamt
▼ Vertragsärztliche Versorgung (Ärzte und Zahnärzte)
- - Krankenhausbehandlung (1)
— Arzneien, Verband-, Heil- u. Hilfsmittel aus Apotheken (2)

*) früheres Bundesgebiet, ab 1995 einschließlich Berlin-Ost
p) prognostizierte Werte nach Quartalsstatistik
1) ab 1989: einschl. Entbindungsanstaltspflege, ohne Behandlung in Kur- und Spezialeinrichtungen
2) ab 2001 einschl. Arznei- und Verbandmittel von Sonstigen; abzgl. Arzneimittelrabatte

Quelle: Bundesministerium für Gesundheit und Soziale Sicherung 2005, Bundesministerium für Gesundheit 2006, eigene Berechnungen, eigene Darstellung

Allokative und distributive Wirkungen

Die Ergebnisse des Korporativismus fielen in den letzten Jahren zunehmend bescheidener aus. Die Ursachen hierfür liegen allerdings nicht nur in diesem Steuerungskonzept selbst, sondern auch in ungünstigeren ökonomischen Rahmenbedingungen begründet. Zunächst begrenzte die Wachstumsschwäche der beitragspflichtigen Einnahmen in Verbindung mit dem Postulat der Beitragssatzstabilität die budgetierte Gesamtvergütung, was sowohl die Verhandlungen zwischen den Krankenkassen und den KVen erschwerte als auch die innerärztlichen Verteilungskonflikte verschärfte. Zu diesen belastenden exogenen Faktoren gehören auch die Niederlassungswelle von 1993, die vertragsärztliche Übernahme des Morbiditätsrisikos und der Mengeneffekte infolge des medizinisch-technischen Fortschritts, die Aufteilung in ein haus- und fachärztliches Budget, die Integration der stark zunehmenden Leistungen von psychologischen Psychotherapeuten sowie die Steuerung der Arznei- und Heilmittelausgaben. Da diese exogenen Faktoren überwiegend auf politische Entscheidungen zurückgehen, lässt sich trefflich darüber streiten, ob und inwieweit es sich hier um „Korporativismus- oder Staatsversagen" handelt (vgl. Wille, E. 1990, S. 251ff.). Zudem verlagerten die politischen Gremien unpopuläre Entscheidungen über eine Eingrenzung des Leistungskataloges der GKV auf korporative Entscheidungseinheiten. Der Rechtsstreit zwischen dem GBA und dem Bundesgesundheitsministerium um die Verordnungsfähigkeit der Sondennahrung veranschaulicht diesen Konflikt an der Schnittstelle zwischen Korporativismus und staatlicher Steuerung.

Bei der zuletzt schwachen Innovationsfähigkeit und der noch immer unbefriedigenden Qualitätssicherung handelt es sich allerdings um immanente Schwächen des Korporativismus, der konstitutiv, d. h. auch im Vergleich mit anderen Steuerungskonzepten, eine Tendenz zur Erhaltung des Status quo aufweist. Dabei nehmen im Bereich der ambulanten vertragsärztlichen Versorgung mit den Ärztekammern und den KVen zwei korporative Organisationen Aufgaben der Qualitätssicherung wahr. Während sich die Zuständigkeit der KVen auf den vertragsärztlichen Bereich beschränkt, besitzen die Ärztekammern grundsätzlich die Kompetenz, sektorübergreifend eine bestimmte (Mindest-)Qualität sicherzustellen. Die schwache Innovationsfähigkeit und die Defizite in der Qualitätskontrolle wurzeln u. a. darin, dass die Ärztekammern und die KVen hier Aufsichts- und Vertretungsfunktionen über und für ihre Mitglieder ausüben, von deren Wahlentscheidung die jeweiligen Präsidien bzw. Vorstände wiederum abhängen. Aus dieser Sicht liegt es nahe, dass diese korporativen Organisationen ihre Handlungen an den Präferenzen einer Mehrheit ihrer Mitglieder ausrichten und nicht an den Wünschen einer innovationsfreudigeren und/oder qualitätsorientierteren Minderheit. Dezentrale Verhandlungen mit selektivem Kontrahieren bieten hier bessere Voraussetzungen, einen innovativen (Qualitäts-)Wettbewerb auszulösen, indem die Krankenkassen, z. B. im Rahmen der integrierten Versorgung, finanzielle Anreize setzen. Um den Qualitätswettbewerb zu intensivieren, sollten zumindest an der integrierten Versorgung alle Ärzte und Krankenhäuser teilnehmen können, die nachweislich die in der Ausschreibung geforderten Qualitätsnormen erfüllen bzw. durch Zertifizierungen nachweisen. Es widerspricht nicht nur Wettbewerbsaspekten, Leistungserbringer über eine „Bedarfsplanung" von der Versorgung im Rahmen der GKV auszuschließen, die effizientere und/oder effektivere Versorgungsleistungen erbringen bzw. nachweislich höheren Qualitätskriterien genügen als solche, die zu einer günstigeren Zeit einmal eine Zulassung erwarben.

Bei einem totalen Übergang zu einzelvertraglichen Regelungen, der eine Abschaffung der KVen einschließt, drohen allerdings in wesentlich stärkerem Maße als im kollektivvertraglichen System relevante Differenzen hinsichtlich des Qualitätsniveaus der medizinischen Versorgung. Zur Sicherstellung einer flächendeckenden Versorgung auf einem hohen (Mindest-) Niveau bedarf es dann intensiverer externer Kontrollen. Da kleinere und selbst mittelgroße Krankenkassen den Sicherstellungsauftrag im Rahmen des Sachleistungsprinzips nicht mit vertretbarem Aufwand wahrnehmen können, dürften sie sich, z. B. auf Landesebene, zu größeren Gemeinschaften zusammenschließen. Sofern sie dann mit ähnlich umfangreichen Ärzteverbänden verhandeln, stehen sich wieder kollektive Einheiten gegenüber, die jetzt nur auf einzelvertraglicher Grundlage miteinander verhandeln. Solche Prozesse können vor allem in regionaler Hinsicht in enge Oligopole einmünden. In schwächer besiedelten Gebieten reicht u. U. bereits ein Zusammenschluss von einigen wenigen (Gebiets-)Ärzten aus, um eine Monopolstellung zu erreichen und diese dann auch bei Vergütungsverhandlungen auszunutzen.

Korporative Koordination und selektives Kontrahieren im Wettbewerb

Eine Beurteilung der Leistungsfähigkeit des Korporativismus im deutschen Gesundheitswesen fällt je nach den gewählten Zielaspekten bzw. Kriterien und dem zugrunde liegenden Beobachtungszeitraum unterschiedlich aus. Es gibt weder für Deutschland noch international eine belastbare Informationsbasis, die Schlüsse über die komparativen Vor- und Nachteile eines umfassenden Systems mit dezentralen Wettbewerbsprozessen und selektivem Kontrahieren erlaubt. Allokative Aspekte, insbesondere solche der Innovationsfähigkeit und Qualitätssteigerung, sprechen gleichwohl dafür, den Korporativismus um Elemente dezentralen Wettbewerbs zu ergänzen, d. h. dass sich diese auch in einem kollektiven Rahmen entfalten können. Es geht im Prinzip darum, die komparativen Vorzüge des Korporativismus zu stärken, gleichzeitig aber über eine stärkere Gewichtung dezentraler Wettbewerbsprozesse zu vermeiden, dass die immanenten Schwächen des Korporativismus effizienz- und qualitätssteigernde Prozesse be- oder verhindern.

Um Wettbewerbselemente in einen korporativen Rahmen zu integrieren, erhalten Krankenkassen die Möglichkeit, mit ausgewählten Leistungserbringern selektive Verträge abzuschließen. Diese können u. a. andere Versorgungsformen, höhere Qualitätsstandards oder abweichende Vergütungsformen beinhalten. Effizienten und überdurchschnittlich qualifizierten Leistungsanbietern bietet sich damit die Chance, vergleichsweise günstige Verträge auszuhandeln. Den Leistungsanbietern steht es aber frei, sich nicht an diesen Netzen, die auf einzelvertraglicher Grundlage basieren, zu beteiligen und nur im kollektiven Rahmen ihre Leistungen anzubieten. Sofern die selektiv kontrahierenden Netze reüssieren, dürfte das Verharren im kollektiven System für die Ärzte allerdings mit Einkommenseinbußen einhergehen. Die im Zuge dezentraler Wettbewerbsprozesse gebildeten Netze konkurrieren dann nicht nur untereinander, sondern auch mit dem kollektivvertraglichen System. Der Wettbewerb zwischen Korporativismus und selektivem Kontrahieren entscheidet dann über die zukünftige Gewichtung von korporativen und dezentralwettbewerblichen Elementen. Sofern die Netze, die sich auf selektives Kontrahieren gründen, einen bestimmten Marktanteil erreichen, könnte dies über den Wettbewerb auch im korporativen System Effizienz- und Effektivitätssteigerungen induzieren. Dezentrale Wettbewerbsprozesse zwingen dann den Korporativismus zu einer besseren Erfüllung seiner Allokationsfunktion.

Literatur:

Andel, N. (1998): Finanzwissenschaft, 4. Aufl., Tübingen.

Arbeitsgemeinschaft deutscher wirtschaftswissenschaftlicher Forschungsinstitute e. V. (2005): Gemeinschaftsdiagnose, Die Lage der Weltwirtschaft und der deutschen Wirtschaft im Herbst 2005, in: ifo Schnelldienst, 58. Jg., 28.10.2005.

Bundesministerium für Gesundheit und Soziale Sicherung (2005): Statistisches Taschenbuch 2005. Arbeits- und Sozialstatistik, Bonn.

Bundesministerium für Gesundheit (2006): Kennzahlen und Faustformeln GKV, Stand 04.01.2006, Berlin.

Falk, W. (2004): Renaissance der Selbstverwaltung im GKV-Gesundheitsmodernisierungsgesetz? Die Krankenversicherung, 56. Jg., Nr. 2, S. 31-36.

Gerlinger, T. (2002): Zwischen Korporatismus und Wettbewerb: Gesundheitspolitische Steuerung im Wandel. Veröffentlichungsreihe der Arbeitsgruppe Public Health, Wissenschaftszentrum Berlin für Sozialforschung, P02-204, Berlin, Mai 2002.

Rebscher, H. (2005): Perspektiven des solidarischen Gesundheitssystems, in: Gesellschaftspolitische Kommentare, 46. Jg., Nr. 12, S. 6-9.

Sachverständigenrat zur Begutachtung der Entwicklung im Gesundheitswesen, Koordination und Qualität im Gesundheitswesen, Gutachten 2005, Bonn.

Wissenschaftlicher Beirat beim Bundesministerium für Wirtschaft und Technologie (2000): Aktuelle Formen des Korporatismus, Gutachten vom 26. und 27. Mai 2000, Berlin, in: Bundesministerium für Wirtschaft und Technologie (Hrsg.): Der Wissenschaftliche Beirat beim Bundesministerium für Wirtschaft und Technologie, 16. Band, Gutachten vom Februar 1998 bis Juli 2000, Stuttgart, S. 2077-2103.

Wille, E. (1990): Marktversagen versus Staatsversagen – ein ideologisches Karussell?, in: Ellwein, T. und Hesse, J. J. (Hrsg.): Staatswissenschaften: Vergessene Disziplin oder neue Herausforderung?, Baden-Baden, S. 251-277.

Wille, E./Resch, S. (2005): Risikoselektion trotz Risikostrukturausgleich ? in: Klusen, N./Straub, Ch./Meusch, A. (Hrsg.): Steuerungswirkungen des Risikostrukturausgleichs, Baden-Baden 2005, S. 13-36.

Wille, E. (2006): Steuerungskonzepte für die GKV: Korporativismus versus Wettbewerb, in: Die Krankenversicherung, 58. Jg., 1/06, S. 7-11.

Der Gemeinsame Bundesausschuss: Zwischenbilanz und Perspektiven

Rainer Hess

Der Gemeinsame Bundesausschuss wird vielfach in der öffentlichen Diskussion als das Machtzentrum des deutschen Gesundheitswesens charakterisiert, das durch normative Richtlinien im Auftrage des Staates tief in die bestehenden Versorgungsstrukturen eingreift. Ich möchte Ihnen in meinem Vortrag darlegen, dass diese Befürchtungen einer staatlichen Gängelung der Versorgungsstrukturen durch den Gemeinsamen Bundesausschuss nicht begründet sind und dieser Gemeinsame Bundesausschuss auch in seiner verfassungsrechtlichen Legitimation kein Auftragnehmer des Staates, sondern das oberste Gremium der gemeinsamen Selbstverwaltung von Krankenkassen einerseits und Ärzten, Krankenhäusern, Psychotherapeuten und Zahnärzten andererseits ist. Die Selbstverwaltung sollte daher dieses von ihr selbst gebildetes gemeinsame Gremium als Chance zur Regelung der eigenen Angelegenheiten betrachten, um durchaus zu befürchtende tiefgreifendere staatliche Eingriffe abzuwenden.

Um den Gemeinsamen Bundesausschuss richtig einzuordnen, bedarf es zunächst eines Rückblickes auf die Gesetzesbegründung anlässlich seiner Einführung und auf die politische Zielsetzung, die mit den ihm erteilten Aufträgen von Seiten des Gesetzgebers intendiert ist.

Ein Blick in die Begründung des BMG zur Errichtung des G-BA nennt drei Punkte für seine Errichtung:

- Stärkung des sektorübergreifenden Bezuges bei Versorgungsentscheidungen der gemeinsamen Selbstverwaltung auf Bundesebene
- Straffung und Vereinfachung der Entscheidungsabläufe
- Effektiverer Einsatz der personellen und sächlichen Mittel der den bisherigen einzelnen Ausschüssen der gemeinsamen Selbstverwaltung zuarbeitenden Geschäftsführung.

Es fällt mir schwer, als unparteiischer Vorsitzender des Gemeinsamen Bundesausschusses dies auszusprechen, aber aus meiner Sicht sind alle diese drei Gründe für die Errichtung des Gemeinsamen Bundesausschusses vom Gesetzgeber selbst in Frage gestellt worden. Anstatt den sektorübergreifenden Bezug der Versorgungsentscheidungen bei der gemeinsamen Selbstverwaltung auf Bundesebene zu stärken, hat sich der Gesetzgeber im BMG darauf beschränkt, die bisherigen selbständigen Ausschüsse lediglich unter dem Dach des Gemeinsamen Bundesausschusses zusammenzuführen, sie aber als Spruchkörper weiter existieren zu lassen. Es gibt nach wie vor einen Ausschuss der Ärzte und Krankenkassen, einen Ausschuss der Zahnärzte und Krankenkassen, einen Ausschuss der Psychotherapeuten und Krankenkassen, einen Ausschuss der Krankenhäuser und Krankenkassen und als einzige und zudem höchst problematische Neuerung einen Ausschuss, in dem eine Bank der Krankenkassen eine geteilte Bank der Leistungserbringer mit Vertretern der kassenärztlichen Bundesvereinigung und der Deutschen Krankenhausgesellschaft gegenüber stehen. Alle diese Ausschüsse tagen als Besetzungen des G-BA nach § 91 Abs. 4-7 SGB V mit eigener, ihnen gesetzlich übertragener Zuständigkeit. Das übergeordnete Plenum, in dem alle diese Besetzungen zusammengeführt werden, entscheidet lediglich über die Geschäftsordnung und Verfahrensordnung und hat noch nicht einmal die Kompetenz, bei konfliktiven Entscheidungen dieser fortbestehenden sektorbezogenen Ausschüsse eine übergreifende sektorübergreifende Entscheidung zu treffen.

Deswegen kann auch von einer Straffung und Vereinfachung der Entscheidungsabläufe keine Rede sein, da alle bisherigen Ausschüsse in den verschiedenen Besetzungen des Gemeinsamen Bundesausschusses erneut auftreten und zudem für die sektorbezogenen Besetzungen auch eigenständige gesetzliche Vorschriften bestehen, die sich ausschließlich auf den betreffenden Leistungssektor beziehen.

Diese nach wie vor sektorbezogene Strukturierung des Gemeinsamen Bundesausschusses beeinträchtigt natürlich auch den Einsatz der personellen und sächlichen Mittel, der den einzelnen Besetzungen des Gemeinsamen Bundesausschusses zuarbeitenden Geschäftsführung. Insoweit könnte allerdings eine sektorübergreifende Strukturierung der Geschäftsführung nach Themen, wie z. B. der Qualitätssicherung oder der Methodenbewertung nicht nur zu einem effektiveren Einsatz personeller oder sächlicher Mittel, sondern auch zu einer besseren Effizienz der Ausschussarbeit insgesamt führen, da dann die entsprechenden Fachleute für verschiedene Ausschüsse zuständig wären und für eine systematisiert einheitliche Umsetzung im wesentlichen gleichlautender gesetzlicher Vorgaben Sorge tragen könnten. Die vorstehend wiedergegebene Gesetzesbegründung zur Errichtung des Gemeinsamen Bundesausschusses lässt aber unabhängig von dieser Kritik eine Schlussfolgerung zu:

Der Gesetzgeber selbst hat nicht daran gedacht, ein Machtzentrum im Gesundheitswesen zu errichten, sondern ganz simple pragmatische

Gründe für die Zusammenführung bisher selbständiger Ausschüsse unter einem Dach angeführt.

Will man deswegen nicht die Gesetzesbegründung, sondern eine u. U. darüber hinausgehende politische Zielsetzung der Errichtung des Gemeinsamen Bundesausschusses erforschen, so muss man aus den ihm übertragenen gesetzlichen Aufgaben Rückschlüsse auf die damit beabsichtigte Veränderung von Versorgungsstrukturen ziehen. Aus meiner Sicht lassen sich hieraus vier entscheidende Postulate ableiten:

1. Der Gemeinsame Bundesausschuss soll eine nach dem Stand der wissenschaftlichen Erkenntnisse medizinisch notwendige zweckmäßige und wirtschaftliche medizinische Versorgung durch normative Richtlinien unterhalb der Ebene der Gesetzgebung gewährleisten.

Dieser gesetzgeberische Wille ist für den vertragsärztlichen Bereich aus der Neufassung des § 92 Abs. 1, S. 1, 3. HS. und für den stationären Bereich aus der Zusammenführung der Kompetenzen zur Methodenbewertung und zur Qualitätssicherung als Aufgabenstellung des Gemeinsamen Bundesausschusses in den §§ 137 und 137c SGB V abzuleiten. Das klingt nach Machtzentrum, ist aber in Wirklichkeit nichts anderes als die Fortsetzung der Richtlinienkompetenz zumindest der bisherigen Bundesausschüsse Ärzte/Krankenkassen und Zahnärzte/Krankenkassen. Nach der insoweit einschlägigen Rechtsprechung des Bundessozialgerichtes waren zunächst Richtlinien des Bundesausschusses der Ärzte und Krankenkassen nur für die Rechtsbeziehungen innerhalb der am Bundesausschuss beteiligten Trägerorganisationen verbindlich, d. h. für die Vertragsärzte, die Krankenkassen und die Kassenärztlichen Vereinigungen. Sie galten nur für das so genannte „Leistungserbringungsrecht" rechtsverbindlich. Die Definition des Leistungsrechtes, d. h. die Ansprüche der Versicherten auf Leistungen ihrer Krankenkasse, hat sich die Rechtsprechung lange Zeit selbst vorbehalten und durchaus aus ärztlicher Sicht problematische Leistungsentscheidungen zu Gunsten der Versicherten zum Erhalt bestimmter, in den Richtlinien des Bundesausschusses ausdrücklich nicht anerkannter Leistungen getroffen. Mit der am 20. März 1996 ergangenen Methadonentscheidung hat das Bundessozialgericht diese Rechtsprechung aber aufgegeben und die Identität von Leistungsrecht und Leistungserbringungsrecht bejaht. Von diesem Zeitpunkt an wirken Entscheidungen des Bundesausschusses der Ärzte und Krankenkassen, soweit sie Untersuchungs- und Behandlungsmethoden anerkennen oder ablehnen, unmittelbar auch für Leistungsansprüche der Versicherten. Entscheidend ist dabei, ob nach dem jeweils anerkannten Stand der wissenschaftlichen Erkenntnisse eine neue Untersuchungs- und Behandlungsmethode als Leistung der GKV anzuerkennen ist oder nicht. Zur Feststellung dieses anerkannten Standes der wissenschaftlichen Erkenntnisse erkennt das Bundessozialgericht die Bewertungskriterien der evidenzbasierten Medizin als Grundlage an. Über eine Verfassungsbeschwerde gegen eine auf dieser Grundlage basierende ablehnende Entscheidung des Bundessozialgerichtes wird demnächst das Bundesverfassungsgericht urteilen. Wir erhoffen uns davon eine Klärung verfassungsrechtlicher Fragen. Sie beziehen sich allerdings auf den Bundesausschuss der Ärzte und Krankenkassen in der alten Rechtsstruktur.

Der neue Gemeinsame Bundesausschuss unterscheidet sich aber strukturell hiervon durch die Einbeziehung von Patientenvertretern in die Organisationsstruktur einer gerade im Hinblick auf Einschränkung von Leistungsansprüchen der Versicherten erweiterten Richtlinienkompetenz des G-BA. Dies wird bei künftigen Entscheidungen, in denen es um die Einschränkung von Leistungsansprüchen von Versicherten geht, auch bei der verfassungsrechtlichen Beurteilung zu berücksichtigen sein, wobei das fehlende Stimmrecht der von den Patientenvertretungsorganisationen entsandten sachkundigen Personen die Notwendigkeit der Berücksichtigung der von ihnen eingebrachten Argumente vor einer Abstimmung der „Bänke" eher verstärkt denn mindert.

2. Der Gemeinsame Bundesausschuss soll den nach wie vor einheitlich für alle Krankenkassen gesetzlich definierten Leistungskatalog der GKV mit der Zielsetzung konkretisieren, in ihrem medizinischen Nutzen nicht belegte oder unwirtschaftliche Leistungen auszugliedern und die von den Krankenkassen zu erbringenden Leistungen – auch durch Übernahme von Leitlinien – auf das medizinisch Notwendige begrenzen.

Diese politische Zielsetzung ergibt sich ebenfalls aus der Ergänzung des § 92 Abs. 1, S. 1 um einen 3. HS. und aus der kombinierten Zuständigkeit des Krankenausschusses zur Methodenbewertung und zur Definition auch leitliniengestützter Qualitätsanforderungen. Die Notwendigkeit einer Konkretisierung eines nach wie vor einheitlich für alle Krankenkassen gesetzlich definierten Leistungskataloges durch den Gemeinsamen Bundesausschuss wird von einem breiten Konsens sowohl der Spitzenverbände der Krankenkassen als auch der Spitzenverbände der Leistungserbringer getragen. Dem zugrunde liegt die Erkenntnis, dass Versicherte ihre Krankenkasse dann wählen, wenn sie gesund sind und zu diesem Zeitpunkt durchaus niedrige Beiträge zur Grundlage für ihre Wahlentscheidung machen. Wenn sie krank werden, sind sie jedoch auf die Leistungen ihrer Krankenkasse angewiesen und müssen von daher einen Anspruch auf eine das medizinisch Notwendige abdeckende Regelversorgung haben. Darüber hinaus besteht auch Konsens darüber, dass der Gesetzgeber einen Leistungskatalog nicht bis ins Einzelne hinein definieren kann, sondern sich auf die Gewährleistung einer ausreichend zweckmäßigen und notwendigen medizinischen Versorgung in den verschiedenen Leistungssektoren begrenzen muss, die Konkretisierung jedoch den Gremien der gemeinsamen Selbstverwaltung übertragen werden sollte. Wer insoweit die verfassungsrechtliche Legitimation des Gemeinsamen Bundesausschusses bestreitet, der sollte bedenken, dass ohne Existenz des Gemeinsamen Bundesausschusses dieselbe Aufgabe auch durch die Spitzenverbände der Krankenkassen und die Spitzenverbände der Leistungserbringer auf Bundesebene durch Kollektivverträge geregelt werden könnte. Die Übertragung dieser Zuständigkeit auf den Gemeinsamen Bundesausschuss hat das Ziel, diese Bewertungsentscheidungen kassenübergreifend und damit wettbewerbsneutral zu treffen und sie nicht einer vertraglichen Vereinbarung in auf Kassenarten bezogenen Kollektivverträgen zu überlassen. Die Zuständigkeitsregelung zu Gunsten einer Richtlinienkompetenz des Gemeinsamen Bundesausschusses ist somit durchaus vergleichbar mit der Zuständigkeit des Bewertungsausschusses in der vertragsärztlichen Versorgung zur Definition eines kassenübergreifenden einheitlichen Bewertungsmassstabes für vertragsärztliche Leistungen. Der Gemeinsame Bundesausschuss bedarf daher ebenso wenig wie diese Vertragsfrage der gemeinsamen Selbstverwaltung einer gesetzlichen Einzelauftragserteilung zur Konkretisierung des Leistungskataloges, sondern er ist als Zusammenschluss der Vertragspartner der gemeinsamen Selbstverwaltung legitimiert, entsprechende Konkretisierungsentscheidungen für den Leistungskatalog zu treffen. Die einzig legitime verfassungsrechtliche Frage ist die Eingriffsbefugnis in Leistungsansprüche der Versicherten, die jedoch durch die Mitwirkung von Patientenvertretern im G-BA eher gegeben ist als im vorherigen Bundesausschuss und durch die bisherige Rechtsprechung des Bundessozialgerichtes positiv entschieden ist.

3. Der Gemeinsame Bundesausschuss soll möglichst sektorübergreifende Maßnahmen des internen Qualitätsmanagements, der externen Qualitätssicherung und der Indikationssicherung durch Richtlinien definieren und deren Einhaltung durch die an der medizinischen Versorgung teilnehmenden Leistungserbringer gewährleisten.

Dieses gesetzliche Ziel ist ausdrücklich in § 137b SGB V als Empfehlungskompetenz des G-BA definiert. In der Umsetzung dieser Empfehlungen stoßen wir jedoch auch insoweit auf eine Vielzahl sektorbezogener Vorschriften zur Qualitätssicherung, die durch die jeweils sektorbezogenen Ausschüsse eigenständig in Richtlinien umgesetzt werden. In einem Gesetz, das gleichzeitig die Einführung von DRGs als künftige alleinige Entgeltstruktur für Krankenhäuser weiter vorantreibt und den Krankenkassen den Abschluss integrierter Versorgungsverträge mit niedergelassenen Ärzten und Krankenhäusern zur Durchführung einheitlicher Versorgungskonzepte nahe legt sowie in Richtlinien des G-BA einen Katalog ambulanter Behandlungen definiert, die nach Maßgabe entsprechender Verträge von Krankenkassen mit Krankenhäusern diese auch zur ambulanten Behandlung berechtigen, stellt sich jedoch die grundsätzliche Frage, ob eine derart sektorbezogene Qualitätssicherung noch zeitgemäß ist. Was nützt eine externe Qualitätssicherung für die nach Einführung von DRGs verkürzte Verweildauer auf z. B. zwei Tage, wenn der Behandlungserfolg und damit die Ergebnisqualität erst nach der ambulanten Weiterbehandlung beurteilt werden kann? Müssen aus diesen Gründen die Anforderungen an eine Qualitätssicherung nicht nur in Form von Empfehlungen, sondern auch in Form von verbindlichen Leitlinien sektorübergreifend definiert werden und müssen nicht hierfür auch pseudonymisierte Daten von Patienten verarbeitet werden können, ohne dass die Datenschützer sofort Protest erheben? Vom Ziel einer sektorübergreifenden Qualitätssicherung sind wir jedenfalls aufgrund der geltenden gesetzlichen Vorschriften weit entfernt.

4. Der Gemeinsame Bundesausschuss soll zusammen mit dem Institut für Qualität und Wirtschaftlichkeit im Gesundheitswesen (IQWiG) die Transparenz von Ergebnissen der Qualitätssicherung und von Konsequenzen aus seinen Richtlinien zur Verbesserung der Qualität der Versorgung gegenüber den Versicherten und Patienten durch eine auf die Belange der Patienten zugeschnittenes Patienteninformationssystem gewährleisten.

Diese Zielsetzung wird z. Zt. vom IQWiG durch die Einführung eines Patienteninformationssystems zu Effizienz und Qualität der Versorgung in verschiedenen Krankheits- und Leistungsbereichen vorbereitet. Auf der Basis eingeführter Qualitätsmanagement- und Qualitätssicherungssysteme wird es in Zukunft auch eine Informationsplattform für Patienten und Versicherte geben, wo sie sich über die Ergebnisse jeweils informieren können.

Auf der Grundlage der vorstehend definierten politischen Zielsetzungen ist nunmehr eine Zwischenbilanz des bisher Erreichten zu ziehen, wobei die verschiedenen Beziehungen (a) zu Versicherten im Leistungsrecht (b) zur Industrie in der Einschränkbarkeit der Verordnungsfähigkeit von ihr produzierter Produkte (c) zu den Ärzten und Krankenhäusern in der Qualitätssicherung und in der Methodenbewertung von Untersuchungs- und Behandlungsmethoden und letztlich (d) zur Aufsicht zu der Frage ihrer Beanstandungs- und Ersatzvornahmerechte zu behandeln sind.

a) Soweit es die Kompetenz des Gemeinsamen Bundesausschusses zur Definition des Leistungsrechtes betrifft, ist zunächst festzustellen, dass noch nie ein Ausschuss der gemeinsamen Selbstverwaltung so weit reichende Kompetenzen zu unmittelbaren Einschränkungen von Leistungsansprüchen der Versicherten vom Gesetzgeber übertragen bekommen hat, wie der G-BA. Dies betrifft insbesondere die Einschränkung der Gewährung von Krankentransport für die ambulante Behandlung auf extreme Ausnahmetatbestände, die Einschränkung der Verordnung von Sehhilfen in den Arzneimittelrichtlinien auf therapeutische Sehhilfen, die Einschränkung der Ansprüche auf Zahnersatz auf befundorientierte Zuschüsse, die Einschränkung der Gewährung enteraler Ernährung auf definierte Ausnahmen und die ausnahmsweise Verordnungsfähigkeit nicht verschreibungspflichtiger Präparate in der so genannten „OTC-Präparateliste". Verfassungsrechtlich zu beachten ist hierbei, dass diese Einschränkungen nicht auf der Generalermächtigung des Bundesausschusses zur Beschlussfassung von Richtlinien über eine zweckmäßige, notwendige und wirtschaftliche Versorgung nach § 92 SGB V, sondern auf gesetzlichen Einzelaufträgen im Leistungsrecht basieren. Die ausreichende Bestimmtheit des Gesetzesauftrages kann deswegen auch kein Verfassungsrechtler bestreiten. Im Gegenteil ist der gesetzliche Auftrag so präzise definiert, dass es dem Bundesausschuss schwer fällt, politische Wünsche auf Ergänzung der nur ausnahmsweise zu Lasten der GKV zu gewährenden Leistungen, z. B. auf die Verordnungsfähigkeit von sturzsicheren Brillen bei epileptisch Erkrankten als therapeutische Sehhilfe zu rechtfertigen. Die verfassungsrechtliche Legitimation für derartige Eingriffe wird aber zusätzlich durch die Beteiligung der Patientenvertreter an der Vorbereitung der Beschlussfassung des Gemeinsamen Bundesausschusses gestärkt. Dabei ist diese Mitwirkung der Patientenvertreter so ausgestaltet, dass sie gleichberechtigt an den Arbeitsgruppen, Unterausschüssen und jeweiligen Besetzungen des Gemeinsamen Bundesausschusses mitwirken, ihre Anträge einbringen, diese sowie ihre Stellungnahmen zu Protokoll geben. Vor jeder Abstimmung wird die Meinung abgefragt, so dass die Beschlussgremien bei der Abgabe ihrer Voten wissen, welche Positionen die Patientenvertreter jeweils einnehmen. Die Patientenvertreter wirken auch an den Pressekonferenzen nach den Sitzungen des Bundesausschusses mit und können dort ihrer Kritik an einer Beschlussfassung des Gemeinsamen Bundesausschusses offen Ausdruck verleihen.

b) Vergleichbar rechtlich und durch Sozialgerichtsverfahren gerichtlich belastet, sind die Arznei- und Heilmittelrichtlinien des Gemeinsamen Bundesausschusses, die die Verordnungsfähigkeit von Arznei- und Heilmitteln regeln und damit in Rechtspositionen von Herstellern eingreifen. Die Normsetzungskompetenz durch den Gemeinsamen Bundesausschuss in der Arzneimittelversorgung umfasst inzwischen eine Preisvergleichsliste, eine Life-Style-Präparateliste, eine OTC-Präparateliste, Therapiehinweise als Anlage der Arzneimittelrichtlinien-Verordnungseinschränkungen in den Arzneimittelrichtlinien, Empfehlungen für Disease-Management-Programmen, die auch die Arzneimittelversorgung umfassen sowie Festbetragsgruppenbildungen als Anlage der Arzneimittelrichtlinien, schließlich die enterale Ernährung als Teil der Arzneimittelversorgung in den Arzneimittelrichtlinien und zu guter Letzt Richtlinien des Gemeinsamen Bundesausschusses zur Gestattung von „Off-label-Use" zu Lasten der GKV.

Anders als Patientenvertreter wirken Industrievertreter aber nicht an der Willensbildung im Gemeinsamen Bundesausschuss mit. Sie werden vielmehr nur angehört, wobei ihre Stellungnahmen allerdings in die Entscheidungsfindung des Gemeinsamen Bundesausschusses einbezogen werden müssen. Von Seiten der Industrie wird immer das Institut NICE in England als Paradebeispiel einer unmittelbaren Beteiligung von Industrievertretern an der Vorbereitung von Nutzenbewertungen angeführt. Im Gegensatz zum Bewertungsverfahren in England hat jedoch die Industrie in Deutschland ein eigenes Klagerecht gegen die in ihre Rechtspositionen eingreifenden Richtlinien des Gemeinsamen Bundesausschusses. Es ist daher verständlich, dass der Gesetzgeber der Industrie nicht das Recht gibt, an den Beratungen unmittelbar teilzunehmen, die später u. U. von der Industrie als Argumente im Rechtstreit benutzt werden. Im Übrigen lastet in Deutschland die Verantwortung für die Wirtschaftlichkeit der Arzneien und Heilmittelversorgung ausschließlich bei den Vertragsärzten und weder bei den Apothekern und Heilmittelerbringern noch der Industrie. Beschränkt man die Industrie allerdings auf ein Anhörungsrecht, so ist, zumindest aus meiner persönlichen Sicht, die Transparenz getroffener Entscheidungen – auch der Industrie gegenüber – eine zwingend notwendige Konsequenz. Wir können nicht auf der einen Seite von der Industrie im Rahmen eines Anhörungsverfahrens Stellungnahmen abverlangen, wenn wir nicht auf der anderen Seite bereit sind, die Auseinandersetzung mit diesen Stellungnahmen in der Begründung getroffener Richtlinienbeschlüsse ausreichend transparent zu machen. Die Verfahrensordnung wird demnächst diese notwendige Transparenz der tragenden Gründe – auch soweit es die Auseinandersetzung mit Stellungnahmen der Industrie betrifft – aufgreifen und für eine entsprechende rechtliche Absicherung Sorge tragen.

c) Im Verhältnis zu den Ärzten und Krankenhäusern, als unmittelbar durch die Richtlinien des G-BA betroffene Leistungserbringer, sind insbesondere diejenigen Richtlinien problematisch, die eine sektorübergreifende Bewertung oder eine sektorübergreifende Öffnung der Leistungserbringung beinhalten. Dies betrifft insbesondere die Empfehlungen des Gemeinsamen Bundesausschusses zu Disease-Management-Programmen und die Beschlüsse des Gemeinsamen Bundesausschusses zum Katalog ambulanter Leistungen und Behandlungen, für die Krankenkassen mit Krankenhäusern Einzelverträge nach § 116b SGB V zur ambulanten Behandlung als Krankenhausleistung abschließen können. Ich habe bereits einleitend darauf hingewiesen, dass der insoweit zuständige dreiseitig besetzte Ausschuss besondere Anforderungen an die jeweils abstimmungsberechtigten Blöcke stellt. Als Zwischenbilanz zu diesem Ausschuss ist festzustellen, dass insbesondere bei den Abstimmungen zur Öffnung der Krankenhäuser für ambulante Behandlungen der Block der Krankenkassenvertreter gemeinsam mit dem Teilblock der KBV-Vertreter den Teilblock der GKV-Vertreter systematisch überstimmt hat. Das Votum der gemeinsamen Unparteiischen spielte dabei angesichts der Mehrheitsverhältnisse keine Rolle. Vergleichbares kann im Plenum passieren, wenn z. B. zur Verfahrensordnung die Krankenkassenvertreter gemeinsam mit einem Teilblock der Leistungserbringerseite die anderen Teilblöcke überstimmen. Auch insoweit kann das Votum der unparteiischen Mitglieder durch die Mehrheitsverhältnisse ausgeschaltet werden. Der Gemeinsame Bundesausschuss lebt aber davon, dass bewusst Interessengegensätze durch entsprechende Blockbildungen gegeneinander gestellt werden und unter ihnen ein Interessenausgleich angestrebt wird. Kommt es nicht zu diesem Interessenausgleich, sollen die unparteiischen Mitglieder und insbesondere der unparteiische Vorsitzende mit seiner Stimme den Ausschlag geben. Gegen diese Struktur wird immer wieder eingewandt, dass man Interessenvertreter nicht an derart gravierenden Entscheidungsprozessen beteiligen dürfe. Damit wird jedoch das Grundprinzip des Gemeinsamen Bundesausschusses, das demjenigen der Tarifvertragsparteien vergleichbar ist, verkannt. Notwendig ist jedoch, dass im Konfliktfall immer die Stimmen der unparteiischen Vorsitzenden den Ausschlag geben. Dies ist bei einer Blockbildung auf der Leistungserbringerseite jedoch nicht gewährleistet. Deswegen bedarf es einer Neustrukturierung der Willensbildung in diesen Ausschüssen zur Gewährleistung konfliktentscheidender Voten der Unparteiischen. Dies gilt insbesondere dann, wenn aus den folgenden Gründen genau diese problematische Besetzung des Gemeinsamen Bundesausschusses erweiterte Zuständigkeiten zur Beschlussfassung von Richtlinien über eine sektorübergreifende Methodenbewertung und eine sektorübergreifende Qualitätssicherung erhalten müsste.

Die bisher gesetzlich strikt voneinander getrennten Verfahren der Methodenbewertung für die vertragsärztliche Versorgung in § 135 Abs. 1 SGB V einerseits und die Krankenhausbehandlung in § 137c SGB V andererseits führen für neue Untersuchungs- und Behandlungsmethoden, die sowohl ambulant als auch stationär erbracht werden, zu Leistungsentwicklungen, die mit der unter 1. und 2. dargestellten Zielsetzung nicht zu vereinbaren sind. Richtig ist, dass hinter der für die Krankenhausbehandlung insoweit geltenden grundsätzlichen Erlaubnis der Erbringung neuer Untersuchungs- und Behandlungsmethoden zu Lasten der Krankenkassen mit dem Verbotsvorbehalt einer negativen Bewertung durch den G-BA in der Besetzung nach § 91 Abs. 6 SGB V als Grundgedanke die Förderung medizinischer Innovationen steht. Wenn sich jedoch auf dieser Grundlage neue Methoden an Krankenhäusern ohne Evidenz- und Effizienzprüfung im Angebot an die Versicherten verbreiten, die vertragsärztliche ambulante Erbringung aber wegen des dort geltenden Verbotes mit Erlaubnisvorbehalt auf Grund einer negativen Bewertung durch den G-BA in der Besetzung nach § 91 Abs. 5 SGB V wegen nicht nachgewiesener oder zweifelhafter Evidenz oder fehlender Effizienz gegenüber bestehenden Alternativen ausdrücklich ausgeschlossen ist, dann ergeben sich gerade für innovative Methoden, deren Evidenz und Effizienz vor einer flächendeckenden Einführung doch zu klären wären, Leistungs- und Mengenentwicklungen, wie wir sie im Großgerätebereich (CT/MRT) seit Jahren und in neuer Zeit für PET, PET-CT, Prothonentherapie, Hyperthermie ohne wirkliche Möglichkeit der Einflussnahme durch den G-BA erleben. Die Ausgabendimensionen sind wegen insoweit notwendiger Entgeltvereinbarungen und geringerer Anwendungsmöglichkeiten zwar nicht so dramatisch wie bei der Einführung arzneimittelrechtlich zugelassener Innovationen, doch sind die dahinter stehenden Marketingstrategien dieselben. Die neue Verfahrensordnung des G-BA mildert die Doppelung gleichartiger Bewertungsschritte in den beiden Verfahren mit einer einheitlichen sektorübergreifend wirkenden Evidenz-Bewertung durch eine sektorübergreifend besetzte Themengruppe (ggf. unter Beauftragung des IQWiG) ab. Es besteht für den G-BA auch die Möglichkeit, einen Aussetzungsbeschluss, mit dem für Krankenhausleistungen die Möglichkeit zur Erstellung evidenzbasierter Studien innerhalb einer gesetzten Frist gegeben werden soll, mit qualitativen Anforderung an die nach wie vor erlaubte Leistungserbringung zu verbinden. Das zu erwartende, noch engere Zusammenrücken von ambulanter und stationärer Versorgung, erlaubt für gleiche und vergleichbare Leistungen schon aus Effizienzgründen längerfristig nicht mehr die bisherige scharfe Trennung in zwei Bewertungsverfahren. Die notwendige Berücksichtigung medizinischer Innovationen und deren Finanzierung zu Lasten der GKV mit dem Ziel der Bewertung ihrer Evidenz und Effizienz bedarf einer eigenständigen Regelung, in die auch ambulant und stationär einsetzbare Arzneiinnovationen eingebunden werden sollten. Sie muss gewährleisten, dass rechtzeitig vor einer faktischen Marktabdeckung, zunächst durch ein von Studien begleitetes begrenztes Versorgungsangebot der GKV, eine Evidenzbeurteilung durch das IQWiG oder eine Themengruppe des G-BA erfolgen kann und muss und auf dieser Grundlage der G-BA über die Zulassung zur Versorgung und die hierfür notwendigen qualitativen Anforderungen der Leistungserbringung entscheiden.

Aus Gründen der Zeit und der Vielzahl hierzu bestehender Rechtsvorschriften ist es mir nicht möglich, die vergleichbaren Probleme einer sektorübergreifenden Qualitätssicherung im Einzelnen darzustellen. Die folgende Darstellung gibt Ihnen einen Überblick über diese Vorschriften, ihre strikt sektorbezogene Zuordnung und über die Bereiche, die überhaupt nicht von der Normsetzungskompetenz des G-BA erreicht werden.

Regelungen zu QS im Gesundheitswesen

Anforderungen „Internes QM", § 135a Abs. 2 Nr. 2 § 136a Abs. 1		Anforderungen „Internes QM" § 135a Abs. 2 Nr. 2 § 137 Abs. 1 Nr. 1
Extern vergl. QS § 135a Abs. 2 Nr. 1 § 136a Abs. 1		Extern vergl. QS § 135a Abs. 2 Nr. 1 § 137 Abs. 1 Nr. 1
Kriterien (Indikationsbez. Notwendigkeit & Qualität von Leistung) § 136 a Nr. 2		Kriterien (Indikationsbez. Notwendigkeit & Qualität von Leistung) § 137 Satz 3 Nr. 2
Kriterien zur Q-Beurt. („Stichprobeprüfung") § 136 Abs. 2	*sektorübergreifender Koordinierungsbedarf*	Q-Bericht § 137 Satz 3 Nr. 6
		Mindestmengen § 137 Satz 3 Nr. 3 Zweitmeinung § 137 Satz 3 Nr. 4

Familienplanung		
Früherkennung/ Prävention		
Ärztliche Behandlung - Methodenbewertung - Qualifikation, Struktur-Q. § 92, § 135 Abs. 1 und Abs. 2 (BMV)	Disease Management Programme, § 137f Ambulante Behandlung im Krankenhaus, § 116b	Ärztliche Behandlung -Methodenbewertung § 137 c -Qualifikation, Struktur-Q.
ambulant	**sektorübergreifend**	**stationär**

- *außerhalb des G-BA*

Bundesmantelvertrag
QS Vorsorge und Reha § 137d
QS Hilfsmittel § 139
Richt- und Leitlinien der BÄK
Ambul. Operieren § 115b

So wie diese Strukturen der Qualitätssicherung jetzt geregelt sind, lassen sie eine sektorübergreifende Zusammenführung von Behandlungsdaten mit dem Ziel einer Qualitätssicherung des Behandlungsverlaufes und Ergebnisses einer mehrere Versorgungsabschnitte umfassenden Behandlung kaum zu. Schon die jetzt vom G-BA beschlossene externe Qualitätssicherung für die Dialysebehandlung als Längsschnittdatenvergleich der Behandlungsergebnisse identischer Dialysepatienten stößt auf massive datenschutzrechtliche Einwände.

Diese Richtlinie, die Richtlinie zur Einführung eines Qualitätsmanagements in die vertragsärztliche Versorgung, die Ergänzung der externen QS am Krankenhaus um nichtoperative Leistungen, die Publikation der ersten Ergebnisberichte aus der externen QS durch die BQS, die Erstellung der ersten Krankenhausberichte für 2004 und die Einführung erster Mindestmengen für planbare stationäre Behandlungen zeigen aber auch, dass der G-BA die ihm jeweils zugewiesenen Aufgaben so zügig wie möglich umsetzt. Ein sektorübergreifender Bezug der QS z. B. im Zusammenhang mit der Einführung von DRG und ein systematisiert abgestuftes elektronisch gestütztes System von Behandlungsdokumentation, einrichtungsinternem QM, externer QS und daraus abgeleiteter Berichterstattung könnten die Motivation der Ärzte zur aktiven Beteiligung steigern und den Einwand einer rein bürokratischen Belastung ohne Feedback für die eigene Arbeit entkräften.

d) Als Zwischenbilanz der Zusammenarbeit mit dem BMGS als aufsichtsführendem Ministerium ist festzustellen, dass die Richtlinien und Beschlüsse des G-BA in ihrer Vielzahl vom BMGS ohne Beanstandung mitgetragen wurden, die Festbetragsgruppenbildungen unter Einschluss patengeschützter Präparate in ihrer rechtlichen Grundlage in mehreren Gesprächen mit der Industrie im Ministerium gemeinsam erörtert und ebenso wie die darauf basierende allgemeine Entscheidungsbegründung vom BMGS bestätigt wurden. Nichtbeanstandungen waren teilweise mir Maßgaben verbunden, denen der G-BA zumindest in ihrer Zielsetzung Rechnung getragen hat, und „nur" in vier Fällen werden gerichtliche Auseinandersetzungen mit dem BMGS zur Rechtmäßigkeit einer Beanstandung und in einem Fall einer zusätzlichen Ersatzvornahme geführt. Zwei davon betreffen das aufgezeigte problematische Verhältnis von Erlaubnisvorbehalt und Verbotsvorbehalt bei der Bewertung neuer Untersuchungs- und Behandlungsmethoden am Beispiel der Protonentherapie; eines richtet sich gegen eine erweiterte Freigabe der Verordnungsfähigkeit der anthroposophischen Mistel über die in der OTC-Präparateliste anerkannte palliative Anwendung hinaus. Am spekulärsten ist die Auseinandersetzung um die zweimal vorher schon gegenüber dem BA beanstandete Richtlinie zur künstlichen Ernährung, die grundsätzlich das Verhältnis von unbestritten bestehender Rechtsaufsicht und aus Sicht des G-BA unzulässiger Fachaufsicht tangiert. Der G-BA wäre nach Auffassung aller ihn tragenden Organisationen in seiner ihm gesetzlich übertragenen, äußerst schwierigen und keineswegs – wie dargelegt – machtvollen normativen Verantwortung gelähmt, wenn nur politisch genehme Entscheidungen das Nichtbeanstandungsverfahren des BMGS passieren würden, politisch unangenehme Entscheidungen aber – auch wenn sie rechtlich unangreifbar sind – über Beanstandungen und Ersatzvornahmen korrigiert werden könnten.

Die Perspektiven der weiteren Arbeit des G-BA ergeben sich nach wie vor aus den eingangs dargestellten vier Zielen. Um sie zu erreichen, bedarf es aus meiner Sicht einer stärker sektorübergreifend ausgerichteten Normsetzungskompetenz des G-BA für die Qualitätssicherung und für die Methodenbewertung mit einer hierauf bezogenen Konzentration der erforderlichen Richtlinienbeschlüsse auf sektorübergreifende Besetzung unter gleichzeitiger Gewährleistung der Konfliktlösungsfunktion der Unparteiischen. Sollte die Zeit kommen, wo Rationalisierungsmaßnahmen zur Begrenzung von GKV-Leistungen auf das in seinem medizinischen Nutzen belegte Notwendige und Wirtschaftliche nicht mehr ausreichen, um die Finanzierbarkeit des Systems zu sichern, müsste der Gesetzgeber entscheiden, ob er dem G-BA einen weitergehenden Auftrag zur Rationierung von Leistungen erteilt. Der G-BA sieht sich zur Zeit dazu nicht berechtigt.

Der Leistungskatalog der GKV aus medizinisch-ethischer Sicht

Jörg-Dietrich Hoppe

In Anknüpfung an den Vortrag meines Vorredners, Prof. Wille, der sich mit der Zukunft der GKV zwischen staatlicher Steuerung, so genannter korporativer Koordination und Marktelementen auseinandergesetzt hat, habe ich mir erlaubt, den Arbeitstitel meines Beitrags etwas zu erweitern und über „Wettbewerb und Leistungskatalog der GKV aus Sicht der Ärzteschaft" zu referieren.

Folgt man dem Ergebnispapier der Koalitionsverhandlungen zum Thema Gesundheit, so soll bei der Weiterentwicklung unseres Gesundheitswesens am Leitbild eines leistungsfähigen Gesundheitswesens mit einer qualitativ hoch stehenden Versorgung für die Patientinnen und Patienten festgehalten werden. Es stellt sich allerdings die Frage, wie das Leistungsversprechen der gesetzlichen Krankenversicherung, allen Versicherten eine ausreichende und zweckmäßige Versorgung zu gewährleisten, eingehalten werden kann, wenn die im Umfang der gesetzlichen Krankenversicherung gewährten Leistungen weiterhin das medizinisch Notwendige beinhalten sollen, welches natürlich wirtschaftlich erbracht werden muss. Faktisch sind die finanziellen Ressourcen bis auf weiteres durch die stagnierende Einnahmensituation der GKV festgeschrieben und politisch durch die rigide Beitragssatzstabilitätspolitik. Dem stehen ein demographischer Wandel mit der Zunahme alter, chronisch kranker und multimorbider Patienten gegenüber sowie medizinische Innovationen, die die Behandelbarkeit zahlreicher Erkrankungen auch im hohen Alter möglich machen.

Zur Beherrschung des Dilemmas sind Reformen sowohl auf der Einnahmen- als auch auf der Ausgabenseite des Systems erforderlich. Im Hinblick auf die erforderliche Stabilisierung der Einnahmenseite sind die Koalitionspartner den Versicherten bislang einen überzeugenden, mehrheitsfähigen Lösungsansatz zur Entwicklung eines generationengerechten Finanzierungsmodells für die gesetzliche Krankenversicherung schuldig geblieben. Ideen sind vorhanden, aber der politische Wille oder die politische Kraft scheinen zu fehlen.

Diesem Vakuum auf der Einnahmenseite steht im Hinblick auf die Regulierung der Ausgaben derzeit geradezu ein politischer Überaktionismus gegenüber. Die Budgetierung der Ausgaben in den 70er bis 90er Jahren hat zwar zahlreiche Einzelverlierer im System produziert, vor allen Dingen unter der Ärzteschaft, die Entwicklung der Beitragssätze konnte damit aber natürlich nicht in Schach gehalten werden. Mit dem GKV-Modernisierungsgesetz, das u. a. von den beiden großen Volksparteien gemeinsam beschlossen wurde, wurde gleich ein ganzes Bündel von neuen Strukturmaßnahmen auf den Weg gebracht. Die aus Sicht des Gesetzgebers enttäuschende „einfache" Kostendämpfungspolitik der vorangegangenen Jahrzehnte soll damit in Richtung Systemumbau umgelenkt werden.

Das GMG macht dabei Anleihen sowohl bei stärker marktorientierten Gesundheitssystemen als insbesondere auch bei staatlich gesteuerten, steuerfinanzierten Systemen. Zu den Marktelementen zählen die Einführung von Wettbewerb unter den Leistungserbringern und Krankenkassen und die Erhöhung der Patientenbeteiligung. Zu den dirigistischen Steuerungsinstrumenten zählt u. a. die Festlegung eines abschließenden Leistungskatalogs für die GKV.

Den tieferen Sinn oder die Vision hinter dem GMG mit seinen verschiedenen Facetten und zahlreichen Verästelungen kann man vielleicht so zusammenfassen: Der Versicherte soll zu seinem eigenen Lotsen im GKV-System werden, der das auf die notwendige Akut- und Grundversorgung reduzierte Leistungsangebot so selten wie möglich in Anspruch nimmt. In den Fällen, in denen der Versicherte zum Kranken wird und auf die GKV-Versorgung angewiesen ist, ist er bereit, als Patient dazuzuzahlen, weitere Wege und mehr oder wenig lange Wartezeiten in Kauf zu nehmen und gegebenenfalls, wenn er sich die Zuzahlung nicht leisten kann und stattdessen seine Erkrankung in einem Programm managen lässt, auch auf die freie Arztwahl zu verzichten. In Anbetracht der messbar hohen Zufriedenheit der deutschen Bevölkerung mit unserem Gesundheitswesen in der Vergangenheit und auch noch zu Beginn des neuen Jahrzehnts, und, weil das Vertrauen in die Gesundheitsberufe bei der Bevölkerung sehr hoch war, ist nachvollziehbar, dass zumindest Teil 2 dieser Vision von der Neuordnung des Gesundheitswesens politisch schwer verkäuflich war.

Deshalb musste zunächst ein Weg gefunden werden, diese positive Grundeinstellung zu unserem Gesundheitswesen in der Öffentlichkeit zu erschüttern. Dies ist auch weitgehend gelungen. Alle Beteiligten werden sich erinnern, dass wir am Ende des vorigen Jahrzehnts und am Anfang dieses Jahrzehnts eine intensive Debatte über das Thema Qualität in unserem Gesundheitswesen erlebt haben, die schließlich in die Behauptung mündete, das deutsche Gesundheitswesen biete als typisches Merkmal „Über-, Unter- und Fehlversorgung" – eine nicht nur für Gesundheitswesen jedweder Art zweifellos zeitlos gültige Behauptung. Sie erinnern sich an den oft zitierten Spruch: „Wir bezahlen einen Mercedes und kriegen einen Golf". Das hat sich in vielen Köpfen festgesetzt, auch wenn die als Begründung unter anderem herangezogenen Statistiken von OECD und WHO mittlerweile zurückgezogen wurden, in denen das deutsche Gesundheitswesen auf Platz 25 hinter Kolumbien lag. Durch das in Deutschland systematisch kultivierte Misstrauen gegen die Leistungsfähigkeit unseres Gesundheitswesens und die Ärzteschaft im Besonderen konnte so jedoch einer Politik der Weg bereitet werden, welche die Zuteilung von Leistungen, wie sie über die Festlegung eines abschließenden Leistungskatalogs und über die Erzeugung von Wartelisten zustande kommt, als Ausschöpfung von Wirtschaftlichkeitsreserven und den sukzessiven Abbau des Versorgungsangebots als Qualitätsverbesserung verkauft.

Was im Vorfeld des GMG gezielt nicht gewürdigt wurde und erst allmählich wieder ins öffentliche Bewusstsein zurückkehrt: Deutschland hat ein Gesundheitswesen, das eine qualitativ hochwertige Regelversorgung mit chancengleichem Zugang für alle und Teilhabe aller am medizinischen Fortschritt gewährleistet. Gleichwohl: Es gibt kein System ohne Allokationsprobleme. Zwischen den marktgesteuerten und den staatlichen Gesundheitssystemen nimmt das deutsche Selbstverwaltungssystem in der gesetzlichen Krankenversicherung eine Zwischenstellung ein. Dass die Übertragung von Marktelementen wie Wettbewerb auf ein Gesundheitswesen wie dem unsrigen nicht unproblematisch sein kann, ist keine neue Erkenntnis. Die Krankenversicherungen werden im Wettstreit um die guten Risiken die schlechten Risiken nach hinten priorisieren, allen Gegensteuerungsbemühungen über den Risikostrukturausgleich zum Trotz. Irgendwann aber muss dies politisch schwierig werden, weil es so aussieht, als ob der Staat und sein GKV-System sich immer mehr vom Solidaritätsprinzip verabschieden wollen.[1]

- Auch das Sachverständigengutachten zu „Koordination und Qualität im Gesundheitswesen" von 2005 räumt ein, dass alle gesamtwirtschaftlichen Koordinationsinstrumente im Hinblick auf die fiskalischen, allokativen und verteilungspolitischen Funktionen Vor- und Nachteile aufweisen. Dies gilt für die Selbstverwaltung, die öffentliche Planung bzw. staatliche Administration oder Markt- und Preismechanismen gleichermaßen. Unbeeindruckt aber von der Analyse der Sachverständigen wiederholt das Koalitionspapier in Sachen Gesundheit die Forderung nach der Intensivierung des Wettbewerbs im Gesundheitswesen.

---

[1] Rice, Th., Stichwort: Gesundheitsökonomie. Eine kritische Auseinandersetzung, Bonn 2004.

Die Einführung von Wettbewerbselementen zielt vornehmlich auf den Abbau von Bettenkapazitäten und fördert Konzentrationsprozesse auch im ambulanten Bereich. Übrig bleiben sollen so wenig Leistungserbringer wie möglich, denn Leistungserbringer sind Ausgabenverursacher. Ob eine Absenkung des durchschnittlichen Versorgungsniveaus und Risikoselektion zu Lasten von Patientinnen und Patienten in dem von der Politik beabsichtigten wirtschaftlichen Konkurrenzkampf von jedem gegen jeden verhindert werden kann, ist fraglich. Um der Qualitätsabsenkung in der schönen neuen Welt des Wettbewerbs entgegenzusteuern, sieht der Gesetzgeber im Gegenzug zur Vertragsfreiheit vor, die Ärzte in Kliniken und Praxen sowie die Krankenhausträger Zug um Zug immer mehr Qualitätskontrollen zu unterziehen. Diese sozialgesetzlich verpflichtenden Qualitätskontrollen z. B. in Gestalt von G-BA-Richtlinien zielen ausschließlich auf die Mikroebene der Leistungserbringer. Dies ist nicht nur überflüssig, weil die Qualitätssicherung ärztlicher Berufsausübung eigentlich schon an anderer Stelle geregelt ist, sondern es geht an den Ursachen der uns möglicherweise bevorstehenden Qualitätsabsenkung im deutschen Gesundheitswesen vorbei.

Ursächlich im Fall zukünftiger Qualitätseinbußen und Benachteiligung von Patientinnen und Patienten wird nicht ein etwaiges „Individualversagen" auf Ebene des einzelnen Praxisinhabers oder des einzelnen Krankenhauses sein, sondern ein Versagen auf der Makroebene durch die großexperimentelle, aber dann außer Kontrolle geratene Übertragung von Marktmechanismen auf einen der Daseinsfürsorge und dem Solidaritätsprinzip verpflichteten öffentlichen Sektor. Die rasch fortschreitende Übernahme von Kliniken durch Rendite-orientierte Betreiber und Rosinenpickerei unter den DRGs weisen bereits in diese Richtung. Als Folge des Verdrängungswettbewerbs unter den Leistungserbringern kann eine Monopolisierung unter den Krankenkassen und/oder im Krankenhaus- und Ärztemarkt, die ihre marktbeherrschende Stellung ausnutzen, nicht ausgeschlossen werden. Im Hinblick auf die vom Gesetzgeber erhoffte Begrenzung der Leistungsausgaben durch Wettbewerb wäre dies genau ein „Schuss nach hinten". Ob die Übertragung von Wettbewerbselementen auf das deutsche Gesundheitswesen zu der von der Politik unterstellten effizienteren Ressourcenallokation führt, bleibt also abzuwarten.

Bis dahin aber zersplittert die Vertragslandschaft in immer mehr Einzel- und Sonderverträge. Diese Unübersichtlichkeit macht nicht nur den Patienten, sondern auch uns Ärzten zu schaffen. Als Folge der Vertragsvielfalt und einer falsch verstandenen Qualitätspolitik, die auf Qualitätskontrolle statt auf Qualitätsförderung und -zusicherung setzt, haben Ärzte und Pflegepersonal immer mehr administrativen Aufwand und Dokumentationsaufgaben abzuleisten, was bis zur völligen Berufsunzufriedenheit und Abwanderung aus den Gesundheitsberufen führt.

Ein weiteres Steuerungsinstrument aus dem Gemischtwarenangebot des GMG, diesmal aus dem Arsenal der steuerfinanzierten Gesundheitssysteme, ist die Festlegung eines abschließenden Leistungskatalogs. Mittels forcierter Nutzenbewertung sollen das Leistungsangebot der GKV eingegrenzt, Rationierung dadurch überdeckt werden. Neue Untersuchungs- und Behandlungsmethoden oder neue Arzneimittel ohne therapeutischen Zusatznutzen im Vergleich zum bisherigen sollen nicht von der GKV bezahlt werden.

Die Bewertung des Nutzens neuer Arzneimittel ist Aufgabe des eigens neu gegründeten Instituts für Qualität und Wirtschaftlichkeit im Gesundheitswesen. Im Hinblick auf die Nutzenbewertung von Untersuchungs- und Behandlungsmethoden hat sich der zuständige Gemeinsame Bundesausschuss in diesem Sommer eine Verfahrensordnung gegeben, die sektorübergreifend einheitliche Kriterien für die Bewertung von Diagnostik und Therapie festlegt. In den ambulanten GKV-Leistungskatalog kann nur noch aufgenommen werden, was diesen Kriterien genügt. Für den stationären Bereich hat der Gesetzgeber an der innovationsfreundlicheren Regelung „Erlaubnis mit Verbotsvorbehalt" festgehalten. Aber dennoch: Aus dem stationären GKV-Leistungskatalog wird entfernt, was den Kriterien der Verfahrensordnung nicht genügt. Einen derartigen abschließenden Leistungskatalog hat es so in Deutschland trotz des immer schon im SGB V verankerten Wirtschaftlichkeitsgebots über Jahrzehnte hinweg nicht gegeben.

Nach der nunmehr vom BMGS genehmigten Verfahrensordnung will der Gemeinsame Bundesausschuss auf der Basis der jeweils verfügbaren besten Evidenz – früher sagte man „nach dem aktuellen Stand der wissenschaftlichen Erkenntnisse" – über die Anerkennung oder Nicht-Anerkennung einer neuen Untersuchungs- und Behandlungsmethode entscheiden. Die ursprüngliche Formulierung, dass der Nutzen einer Methode *in der Regel* durch Studien der Evidenzstufe 1, d. h. durch randomisierte, kontrollierte Studien nachgewiesen werden müsse, musste revidiert werden.

Aus der ursprünglichen Formulierung der GBA-Verfahrensordnung zu diesem Punkt – *in der Regel* müssen Studien der Evidenzstufe 1 vorliegen, sonst ist keine Anerkennung als GKV-Leistung möglich – spricht meines Erachtens ein komplexes, letztendlich aber mechanistisches Missverständnis von evidenzbasierter Gesundheitsversorgung.

Missverständnis Nummer eins:

Studien der Evidenzstufe 1 sind der Standard in der Arzneimittelprüfung und helfen der klinischen Forschung, die Verfälschung der Studienergebnisse durch verborgene systematische Differenzen zwischen Patientengruppen durch Randomisation weitestgehend zu umgehen. Nachteil der randomisierten kontrollierten Studien ist aber bekanntermaßen die begrenzte Repräsentativität der Studienpopulation, die die Generalisierbarkeit der Studienergebnisse beeinträchtigt. Die Repräsentativität ist prinzipiell nur bei breit angelegten klinischen Registern oder registerähnlichen Kohortenstudien gewährleistet. Dies ist übrigens einer der Gründe, warum bei neuen Medikamenten hinreichende Analysen über unerwünschte Nebenwirkungen oft erst im Rahmen der Pharmakovigilanz nach der Zulassung der Präparate möglich sind.[2] Insbesondere bei seltenen Erkrankungen oder in Fällen ohne Behandlungsalternative kann es unmöglich oder unangemessen sein, Studien der Evidenzstufe 1 durchzuführen oder zu fordern; dies räumt der Gemeinsame Bundesausschuss in seiner Verfahrensordnung selbst ein. In diesen Fällen oder auch in anderen Konstellationen, in denen sich die Durchführung von randomisierten kontrollierten Studien als praktisch undurchführbar erweist, z. B. weil außerordentlich lange Nachbeobachtungszeiten erforderlich wären oder sie ethisch nicht vertretbar sind, muss die Nutzen-Schaden-Abwägung einer Methode auch auf der Basis von Studienergebnissen formal niedrigerer Evidenzstufen erfolgen können. Eine andere als diese abgestufte Vorgehensweise wäre weder mit der Methodik der evidenzbasierten Entscheidungsfindung vereinbar noch vor dem Hintergrund der jüngsten BSG-Rechtsprechung zur Kostenübernahme von Behandlungsmaßnahmen bei seltenen Erkrankungen haltbar.[3]

---

[2] Wegscheider, K., Was sind faire Vergleiche zwischen Therapien?, ZaeFQ (2005) 99; S. 275-278.

[3] Bundessozialgericht, Urteil vom 19.10.2004, B 1 KR 27/02 R, Tatbestand: Kostenerstattung für eine photodynamische Therapie mit Verteporfin bei einem fünfjährigen Kind mit massiver Sehverschlechterung bei Aderhautkolobom.

Missverständnis Nummer zwei:

Das Vorliegen oder Nicht-Vorliegen von Studien der Evidenzstufe 1 kann nicht den Abwägungs- und Entscheidungsprozess ersetzen, der auf die Darstellung der vorhandenen Evidenz folgen muss. Der Begriff der „GKV-Leistung" ist kein medizinischer Begriff, sondern eine leistungsrechtliche Abgrenzung! Die politische Verantwortung der Mitglieder des Gemeinsamen Bundesausschusses für die Gestaltung des GKV-Leistungskatalogs kann nicht auf die Darstellung der Evidenz verkürzt bzw. auf die Wissenschaft abgewälzt werden. Die Anerkennung oder der Ausschluss einer neuen Methode oder eines neuen Arzneimittels aus dem Leistungskatalog der GKV ist eine komplexe Aufgabe von hoher Verantwortung, in der die jeweilige Bedarfssituation der betroffenen Patientinnen und Patienten und die klinische Expertise der Ärzteschaft adäquat berücksichtigt werden müssen.

Analog hierzu sind im Hinblick auf Wirtschaftlichkeitsaspekte medizinischer Leistungen gesundheitsökonomische Analysen ausschließlich als Entscheidungshilfen zu betrachten, die die Entscheidungsbildung unterstützen können, die faire Beteiligung aller Betroffenen und am Ende die politische und hoffentlich konsensuale Entscheidung über die Aufnahme oder die Ablehnung der Leistung in den GKV-Leistungskatalog aber nicht ersetzen können.

Allokationsentscheidungen ohne Orientierung an ethischen Werten schaden den Patientinnen und Patienten. Sollten z. B. Therapieoptionen für Tumorpatienten, die zwar nicht lebensverlängernd sind, aber das Leiden verringern, zukünftig nicht mehr solidarisch finanziert werden? Wer legt die so genannten patientenzentrierten Ergebnisparameter fest, nach denen der therapeutische Zusatznutzen eines neuen Medikaments oder einer neuen Behandlungsmethode bemessen wird? Sollen dies nur harte klinische Endpunkte wie „Überleben" oder „Nicht-Überleben" sein, oder auch weichere Indikatoren wie „krankheitsspezifische Lebensqualität", die gegebenenfalls nur qualitativ oder semi-quantitativ erfasst werden können? Nach ärztlichem Berufsverständnis zählt Leiden zu lindern in gleicher Weise zum ärztlichen Auftrag wie Krankheiten zu heilen.

- Einzigartig im internationalen Vergleich schlägt in Deutschland das Prinzip der evidenzbasierten Gesundheitsversorgung per Gesetz voll in den Versorgungsalltag durch, indem die Entscheidungen des Gemeinsamen Bundesausschusses in Form von Richtlinienbeschlüssen unmittelbar eine verbindliche Wirkung für die Leistungserbringer und somit auch für die Versicherten entfalten. Eine vom Gemeinsamen Bundesausschuss auf Basis der vorhandenen wissenschaftlichen Evidenz nicht anerkannte Untersuchungs- oder Behandlungsmethode wird als nicht notwendig für das Gesamtkollektiv der Versicherten betrachtet und kann nicht zu Lasten der Gesetzlichen Krankenkassen erbracht werden. Irrtum ausgeschlossen? Nicht zuletzt wegen dieser hohen Durchschlagskraft der G-BA-Richtlinien muss die neue Dimension von Nutzenorientierung im deutschen Gesundheitswesen besonders umsichtig gehandhabt werden.

Im Hinblick auf die zukünftige Gestaltung des GKV-Leistungskatalogs ist also noch sehr viel Nachdenken und Dialogbereitschaft geboten. „Nutzenbewertung" ist kein Garant für die Abdeckung des tatsächlichen Versorgungsbedarfs und keine Zauberformel, die politische Entscheidungsprozesse entbehrlich machen kann. Wenn die Eigenverantwortung der Versicherten neu definiert werden soll, muss als Pendant hierzu der solidarisch finanzierte Leistungskatalog im gesellschaftlichen Diskurs konsentiert werden. Wir Ärztinnen und Ärzte sind bereit, diese Diskussion offen zu führen, und wir werden uns mit unserer klinischen Erfahrung, unserem professionellen Wissen über den Versorgungsbedarf und unserer Empathie für die Bedürfnisse der Patientinnen und Patienten in den Diskurs einbringen.

Themenkreis 1

Zur Abgrenzung des Leistungskatalogs der GKV

Gerhard Schulte

Wir beginnen die Bad Orber Gespräche mit dem Themenkreis „Zur Abgrenzung des Leistungskataloges der gesetzlichen Krankenversicherung". Heute Vormittag wird aus unterschiedlicher Sicht auf die Fragen eingegangen, die sich insbesondere durch eine Neuordnung des Gemeinsamen Bundesausschusses gestellt haben. Gestern hat Herr Dr. Hess sehr engagiert den gewaltigen Aufgabenbereich des Ausschusses dargestellt. Leider hat sich ergeben, dass Herr Knieps durch die aktuellen Koalitionsverhandlungen gebunden ist. Er hat sich noch bemüht, mit seiner Ministerin einen Kompromiss zu schließen, aber das ist leider nicht gelungen. Es ist bedauerlich, dass Herr Knieps vor dem Hintergrund einiger gestern kritisierter Entscheidungen des Bundesministeriums für Gesundheit und Soziale Sicherung heute keine Gelegenheit hat, das Verhältnis von staatlicher und korporativer Steuerung darzulegen. Aber ich denke, dass genügend fachkompetente Personen im Raum sind, um im Kontext der anderen Themen auch Aspekte dieses Sachverhaltes diskutieren zu können.

Nach der sehr umfassenden Einleitung am gestrigen Nachmittag ist wenig nachzutragen. Ich möchte aber einige Anmerkungen zur Steuerung des Leistungskataloges der gesetzlichen Krankenversicherung machen.

Wenn Sie in das SGB V hineinschauen, dann wird Ihnen auffallen, dass die größten Leistungskomplexe im SGB V relativ knapp definiert sind. Es heißt dort beispielsweise: „Die ärztliche Behandlung umfasst die Tätigkeit des Arztes, die zur Verhütung, Früherkennung und Behandlung von Krankheiten nach den Regeln der ärztlichen Kunst ausreichend und zweckmäßig ist." Dies ist eine Definition, die wir schon in der Reichsversicherungsordnung finden. Allen ist klar, dass damit die Abgrenzungsprobleme dieses Bereiches nicht geklärt sind, sondern dass es einer Institution bedarf, um im Einzelnen zu entscheiden, was z. B. die zeitgemäße ärztliche Kunst ist. Noch knapper heißt es an anderer Stelle im SGB V: „Die Krankenhausbehandlung wird vollstationär, teilstationär, vor- und nachstationär sowie ambulant erbracht." Hier ist der Gesetzgeber offensichtlich nicht einmal der Meinung, dass die Grundlagen der ärztlichen Kunst zu beachten sind. Dieser relativ große Komplex stationärer Behandlung wird im Grunde nur in seine Segmente zerlegt, und vielleicht gibt es gerade deshalb in diesem Versorgungsbereich bis heute relative große Freiräume. Herr Dr. Hess hat gestern darauf hingewiesen, dass auch die Kompetenzen des Gemeinsamen Bundesausschusses für Krankenhausbehandlungen im Gegensatz zur ambulanten ärztlichen Behandlung eingeschränkt sind.

Nun hat sich allerdings bei der Weiterentwicklung des SGB V seit 1988 der Gesetzgeber offensichtlich veranlasst gesehen, den Leistungskatalog in verschiedenen Bereichen enger beschreiben zu müssen. Wenn wir etwa die Regelungen des Zahnersatzes betrachten, dann finden wir dort nicht einfach „Zahnersatz nach den Regeln der ärztlichen Kunst", sondern folgende Definition des Gesetzgebers, und dies auch nur für einen Teilbereich: „Zumindest bei kleinen Lücken ist festsitzender Zahnersatz zugrunde zu legen. Bei großen Brücken ist die Regelversorgung auf den Ersatz von bis zu vier fehlenden Zähnen je Kiefer und bis zu drei fehlenden Zähnen je Seitenzahnbereich begrenzt. Bei Kombinationsversorgungen ist die Regelversorgung auf zwei Verbindungselemente je Kiefer, bei Versicherten von einem Restzahnbestand von höchstens drei Zähnen je Kiefer, auf drei Verbindungselemente je Kiefer begrenzt". Wir hatten zeitweise sogar eine gesetzliche Regelung, die – Gott sei's gedankt – einer späteren Gesetzgebung zum Opfer gefallen ist, dass nämlich vom Zahnarzt benutzte Tupfer nicht von gesetzlichen Krankenversicherungen zu zahlen sind. Die aktuelle Formulierung, die im Gesundheitsstrukturgesetz 1992 in das SGB V aufgenommen worden ist, hatte jedenfalls für den zahnärztlichen Bereich zur Folge, dass der Bundesausschuss wesentlich woniger zu tun hatte als im Bereich der ambulanten ärztlichen oder der stationären Behandlung.

Wenn man sich den weiteren Verlauf der Gesetzgebung ansieht, dann ist insbesondere bei den Paragraphen zu erkennen, hinter denen nach der Ziffer ein a, b, c oder d folgt, dass der Gesetzgeber bei neuen Leistungen den Drang verspürt hat, sehr extensiv zu definieren. Bei den Hospizleistungen des § 39a SGB V werden Sie feststellen, dass dort sogar die beruflichen Qualifikationen der nichtärztlichen Berufe im Einzelnen benannt werden. Und im § 37a SGB V „Soziotherapie" finden wir eine Auftragsvergabe an den Gemeinsamen Bundesausschuss, die relativ stark eingrenzt. Der Gemeinsame Bundesausschuss heißt es hier, „bestimmt in den Richtlinien das Nähere über Voraussetzungen, Art und Umfang der Versorgung". Das ist die Auftragsvorgabe, die wir kennen.

Es geht dann aber weiter:

„Insbesondere
1. die Krankheitsbilder, bei deren Behandlung im Regelfall Soziotherapie erforderlich ist,
2. die Ziele, den Umfang, den Inhalt, die Dauer und die Häufigkeit der Soziotherapie,
3. die Voraussetzungen, unter denen Ärzte zur Verordnung von Soziotherapie berechtigt sind,
4. die Anforderungen an die Therapiefähigkeit des Patienten,
5. Inhalt und Umfang der Zusammenarbeit des verordnenden Arztes mit dem Leistungserbringer.

Hier haben wir nicht einen einfachen generalisierenden Auftrag an den Gemeinsamen Bundesausschuss, sondern es wird sehr detailliert vorgegeben, was der Gemeinsame Bundesausschuss zu regeln hat.

Sehr interessant in diesem Kontext ist der § 137f SGB V. Hier geht es um die Disease Management Programme, und ich möchte sagen, wir haben es mit einer Art Doppelspiel zu tun. Dort heißt es nämlich im Absatz 2: „Der Gemeinsame Bundesausschuss nach § 91 empfiehlt dem Bundesministerium für Gesundheit und Soziale Sicherung für die Rechtsverordnung nach § 266 Abs. 7 Anforderungen an die Ausgestaltung von Behandlungsprogrammen nach Abs. 1".

Nach einer kurzen Definition von Disease Management Programmen im Abs. 1 des Paragraphen wird der Gemeinsame Bundesausschuss beauftragt, bestimmte Voraussetzungen für den Verordnungsgeber zu schaffen, damit dieser dann im Einzelnen regelt, was ansonsten dem Bundesausschuss vorbehalten ist. Wenn wir uns die daraufhin erlassene Verordnung anschauen, dann werden dort in der Tat einzelne ärztliche Behandlungsschritte zur Versorgung von chronischen Krankheiten geregelt. Man könnte diese neue Variante durchaus für einen Einstieg in die Rechtsverordnungsmedizin halten. Das bisherige Prinzip wird von den Füßen auf den Kopf gestellt. Der Gesetzgeber hat sich selbst über delegierte Rechtsetzungsbefugnis ausreichend Definitionsmacht gesichert, um das gesamte Verfahren in der Hand zu behalten. Der Gemeinsame Bundesausschuss ist auf eine Vorschlagsfunktion reduziert.

Diese gesetzgeberische Variante verläuft konform mit einer zunehmenden Praxis des Bundesministeriums für Gesundheit, Entscheidungen des Gemeinsamen Bundesausschusses, insbesondere auch medizinisch fachlichen Inhalts, zu beanstanden. Dies wiederum hat zur Folge, dass der Bundesausschuss die Sozialgerichtsbarkeit bemüht und im Ergebnis

Sozialgerichte höchst komplizierte medizinische Sachverhalte zu entscheiden haben. Es wäre deshalb angemessen zu prüfen, ob sich das Bundesministerium, wenn schon nicht aus Klugheit, dann durch Rechtsänderung auf eine Rechtsaufsichtsfunktion gegenüber dem Gemeinsamen Bundesausschuss beschränkt.

Entscheidungen des Gemeinsamen Bundesausschusses betreffen tendenziell 70 Mio. Versicherte in Deutschland. Sie haben unmittelbare Wirkung auf die ärztliche und nichtärztliche Gesundheitsbehandlung. Aus diesem Grunde stellen sich staatsrechtliche Fragen nicht erst seit einigen Jahren, sondern schon seit Jahrzehnten. Sie sind gleichwohl nicht abschließend behandelt. Interessant finde ich, dass die staatsrechtliche Problematik erst in den letzten Jahren deutlicher geworden ist. Wir haben jetzt die Möglichkeit, von unseren Experten Herrn Prof. Ebsen und Herrn Prof. Koenig zu hören, wie aus staatsrechtlicher Sicht die Kompetenzen des Gemeinsamen Bundesausschusses einzuordnen sind. Im zweiten Teil befassen wir uns mit zwei Aspekten: Qualitäts- und Nutzenbewertung aus medizinischer Sicht einerseits und aus ökonomischer Sicht andererseits. Die Trennung dieser Fragestellung könnte bewirken, dass Mediziner und Ökonomen in gleich gelagerten Sachverhalten zu unterschiedlichen Ergebnissen kommen. Das werden wir ggf. nach den Vorträgen von Herrn Prof. Raspe und Herrn Prof. von der Schulenburg ausreichend diskutieren können.

Lassen Sie mich zum Schluss noch einen Hinweis von Herrn Dr. Hess aus der gestrigen Diskussion aufnehmen. Er hat auf die Gesetzesbegründung zur Errichtung eines Gemeinsamen Bundesausschusses hingewiesen. Dort heißt es: Der Gemeinsame Bundesausschuss soll zur Straffung und Vereinfachung von Entscheidungsabläufen beitragen. Ich habe gelegentlich den Eindruck, dass das Bundesministerium für Gesundheit von dieser gesetzlichen Vorgabe wenig hält, denn die aktuelle Einflussnahme führt mit Sicherheit nicht zu einer Straffung der Entscheidungsabläufe, sondern eher zu einer gewaltigen Verzögerung. Wir sind sehr gespannt, Herr Prof. Ebsen, was Sie zunächst aus staatsrechtlicher Sicht zu diesem Thema beitragen.

Die Kompetenzen des Gemeinsamen Bundesausschusses aus verfassungsrechtlicher Sicht

Ingwer Ebsen

1. Einleitung

Bereits der Vorgänger des Gemeinsamen Bundesausschusses (G-BA), der Bundesausschuss der Ärzte und Krankenkassen, wurde von jemandem, der sich genau auskannte, als der „kleine Gesetzgeber" bezeichnet.[1] Das war noch zu einer Zeit, in der die Aufgaben des G-BA weniger weit reichten als heute, da sie insbesondere nur die ambulante Versorgung betrafen. Schon damals – und das ist der Sinn dieser Bezeichnung – hatte das Bundessozialgericht (BSG) die zuvor bestehende Scheu abgelegt, die von diesem Gremium getroffenen Regelungen als untergesetzliche Rechtssetzung anzuerkennen, welche auch den Behandlungsanspruch des Versicherten konkretisiert und damit gegebenenfalls auch begrenzt. Mit dem von ihm selbst so genannten Konkretisierungskonzept hat das BSG einen Ansatz faktisch durchgesetzt, wonach in mehreren Stufen – nämlich durch das Gesetz, dessen Umsetzung durch untergesetzliche Rechtssetzung (vor allem des G-BA) sowie schließlich im Rahmen normativer Vorgaben durch die Therapieentscheidungen der von den Versicherten ausgewählten Ärzte (einschließlich der Zahnärzte oder Psychotherapeuten) – festgelegt wird, was der Versicherte in einer bestimmten Situation als Krankenbehandlung verlangen kann.[2]

Inzwischen ist der gesetzliche Zuständigkeitsbereich dieses Regulierungsgremiums auf dem Umweg über die Schaffung weiterer Gremien neben dem alten Bundesausschuss, nämlich dem Ausschuss Krankenhaus nach § 137c SGB V und dem Koordinierungsausschuss nach § 137e SGB V, in der jeweils bis Ende 2003 geltenden Fassung so ausgeweitet worden, dass es wirklich die zentrale untergesetzliche Steuerungsinstanz für die Krankenbehandlung darstellt. Dabei bewirken die sektorenspezifisch unterschiedlichen Zusammensetzungen des G-BA nach § 91 Abs. 4-7 SGB V, dass wesentliche Aspekte der früheren Aufteilung in verschiedene Gremien gewahrt bleiben.

---

[1] *Oldiges* 2000.

[2] Dazu im Einzelnen *Ebsen* 1997; grundlegende Entscheidungen der Rechtsprechung: BSG v. 20.03.1996 - 6 RKa 62/94 - BSGE 78, 70; BSG v. 16.09.1997 - 1 RK 28/95 - BSGE 81, 54; BSG v. 16.09.1997 - 1 RK 32/95 - BSGE 81, 73; BSG v. 18.03.1998 - B 6 KA 37/96 R - BSGE 82, 41; BSG v. 16.11.1999 - B 1 Kr 9/97 R - BSGE 85, 132; siehe auch *Welti* 2006.

Sowohl das Konkretisierungskonzept, welchem immanent ist, dass die Konkretisierungsschritte Regelungsspielräume implizieren, welche auch die von Versicherten angerufenen Gerichte zu respektieren haben[3], als auch die Kompetenz eines Gremiums, wie des G-BA zur untergesetzlichen Rechtssetzung, sind nicht unangefochten. Vor allem in der Literatur, aber auch in der Rechtsprechung, finden sich Einwände.[4] Das über solche Einwände letztlich autoritativ entscheidende Bundesverfassungsgericht (BVerfG) hat einerseits mehrfach die Richtliniengebung des Bundesausschusses stillschweigend akzeptiert[5], andererseits in einer jüngeren Entscheidung diese Frage explizit offen gelassen.[6] Neben dem in den bisherigen Fällen der Befassung mit Richtlinien des Bundesausschusses zuständigen 1. Senat des BVerfG, hat sich der 2. Senat in einer Grundsatzentscheidung generell mit den Verfassungsanforderungen an funktionale Selbstverwaltung befasst, deren Implikationen für den G-BA auf der Hand liegen.[7] Insofern ist eine verfassungsrechtliche Würdigung dieser für die GKV zentralen Institution und ihrer Kompetenzen eine auch nach mehr als zehn Jahren intensiver Diskussion[8] noch immer lohnende Aufgabe.

Im Vordergrund stehen drei Fragenkomplexe. Erstens geht es um die Grundfrage, also die prinzipielle Vereinbarkeit des Regulierungskonzepts G-BA – wir können auch sagen: der Regulierung in gemeinsamer Selbstverwaltung – mit dem Demokratieprinzip. Dieses Thema soll hier, ergänzend zu früheren Befassungen mit ihm[9], unter besonderer Berücksichtigung der gerade erwähnten Entscheidung des BVerfG zur funktionalen Selbstverwaltung behandelt werden, d. h. der Selbstverwaltung von Organisationen, die weder zur unmittelbaren Staatsverwaltung von Bund und Ländern noch zur kommunalen Selbstverwaltung gehören. Auf

---

[3] Dazu BSGE 81, 73; siehe auch noch unten, Abschnitt IV.

[4] Siehe etwa LSG Celle, NZS 2001, 32; in der Literatur werden mangelnde Betroffenenpartizipation und darum fehlende demokratische Legitimation in den Mittelpunkt gestellt; siehe etwa die Habilitationsschrift von *Hänlein* 2001, S. 465 - 508 mit Nachweisen früherer Stimmen in der Literatur; siehe auch *Neumann* 2001, *Butzer/Kaltenborn* 2001; *Koch* 2001; *Hebeler* 2002.

[5] Vgl. etwa BVerfG v. 20.03.2001 - 1 BvR 491/96 - BVerfGE 103, 172 (Vertragsarztzulassung); BVerfG v. 17.12.2002 - 1 BvL 28/95, 1 BvL 29/95, 1 BvL 30/95 - BVerfGE 106, 275 (Festbetragsfestsetzungen).

[6] BVerfG v. 06.12.2005 - 1 BvR 347/98 - ZFSH/SGB 2006, 20 f., Rz. 60 der amtl. Publikation.

[7] BVerfG v. 05.12.2002 - 2 BvL 5/98, 2 BvL 6/98 - BVerfGE 107, 59; zum Begriff der funktionalen Selbstverwaltung grundlegend *Emde* 1991; *Kluth* 1997.

[8] Den in Fn. 4 genannten Kritikern stehen Befürworter gegenüber, welche die Rechtssetzungskompetenz des Bundesausschusses mit im Detail unterschiedlichen Begründungen im Prinzip für verfassungsgemäß halten; siehe die Habilitationsschrift von *Axer* 2000, insbes. S. 276 ff.; siehe auch *dens.* 2002, S. 219 ff.; *Engelmann* 2000; *Roters* 2003, S. 77 ff.; *Hase* 2005.

[9] *Ebsen* 1990; 1994, S. 253 f., 283 f.;1997.

der Linie dieser Rechtsprechung dürften die prinzipiellen Einwände der Kritiker gegen solche Regulierung kaum noch aufrecht zu erhalten sein. Allerdings, und das ist der zweite hier zu vertiefende Punkt, stellt sich ausgehend von der Judikatur des BVerfG die Frage einer aufgabenadäquaten Organisationsstruktur. Selbst wenn im Grundsatz gegen untergesetzliche Rechtssetzung in gemeinsamer Selbstverwaltung nichts einzuwenden ist, gibt es doch gewisse Anforderungen an die Organisation eines solchen Gremiums wie der G-BA. Insbesondere bei einem auf dem Zusammenwirken unterschiedlicher, ja häufig gegensätzlicher Interessen basierenden und insofern pluralistischen Gremium muss klar sein, wie die Interessenrepräsentation zu sein hat. Drittens, und auch das ist eine mit der verfassungsrechtlichen Grundentscheidung für die Zulässigkeit dieser Form untergesetzlicher Rechtssetzung notwendig verknüpfte Relativierung derselben, wird es um die gebotene Dichte rechtlicher Kontrolle gehen. Sie ist nicht nur eine Kontrolle durch die Rechtsaufsicht, sondern auch und gerade eine Kontrolle durch die Gerichte. Mit Bezug auf den G-BA wird es darum gehen, inwieweit eine solche rechtliche Kontrolle geeignet ist, einerseits die erforderliche Bestimmtheit der gesetzlichen Rechtssetzungsermächtigungen praktisch wirksam zu machen und andererseits bestimmte zweifelhafte Aspekte der Interessenrepräsentanz im G-BA zu kompensieren.

2. Zur prinzipiellen Vereinbarkeit des Regulierungskonzepts: G-BA mit dem Demokratieprinzip

In den üblichen staatsrechtlichen Kategorien geht es bei dem schon erwähnten prinzipiellen Streit um die Zulässigkeit von Rechtssetzung nach Art der Richtliniengebung durch den G-BA um die Frage hinreichender demokratischer Legitimation. Solche demokratische Legitimation vermitteln grundsätzlich allgemeine, freie und geheime Wahlen durch das „Volk", im Sinne von Art. 20 Abs. 2 GG das Staatsvolk, in den Ländern und Kommunen aber auch das jeweilige Gebietsvolk. Demokratische Legitimation muss grundsätzlich sowohl personell als auch sachlich sein. Die durch das Volk gewählten Parlamente vermitteln ihrerseits personelle demokratische Legitimation, weil diejenigen Stellen, welche verbindliche Entscheidungen treffen, in einer lückenlosen Kette von Wahlen und/oder Ernennungen auf Entscheidungen eines derartigen Parlaments zurückzuführen sind. Sie vermitteln sachliche Legitimation, indem sie selbst oder personell legitimierte Stellen durch allgemeine Festsetzungen und/oder Weisungen im Einzelfall die zu treffenden Entscheidungen inhaltlich determinieren. Personelle und sachliche Legitimation können unterschiedlich stark sein und sich in gewissem Rahmen auch wechselseitig kompensieren. Keine der beiden Legitimationsquellen darf aber gänzlich fehlen. Diesen Grundansatz zum Erfordernis demokratischer Legitimation für verbindliches hoheitliches, also mit staatlichem Geltungsbefehl ausgestattetes Entscheiden, hat das BVerfG in einigen grundsätzlichen Judikaten bekräftigt.[10] In der Literatur hat der seinerzeitige Richter des BVerfG Böckenförde den Ansatz prägnant ausgeführt.[11]

Funktionale Selbstverwaltung ist nach diesem Ansatz nicht personell demokratisch legitimiert und bedarf neben inhaltlicher Vorgaben des Staates einer jeweils besonderen Rechtfertigung, die auch in dem vom BVerfG in der Facharztentscheidung[12] anerkannten Prinzip liegen kann, dass es legitim ist, wenn der Staat eine in bestimmter Hinsicht besonders betroffene Gruppe ermächtigt, ihre eigenen Angelegenheiten selbst hoheitlich zu regeln. Dazu muss diese Gruppe allerdings dann auch einigermaßen homogen sein und die zu treffenden Entscheidungen müssen im Wesentlichen nur die Mitglieder dieser Gruppe betreffen. Eine auf diese Weise gerechtfertigte Rechtssetzungsmacht kann man „materielle Autonomie" nennen.[13] Daneben gibt es in der Literatur noch weitere Ansätze zur Rechtfertigung funktionaler Selbstverwaltung: entweder aus dem Demokratieprinzip oder als vom Grundgesetz anerkannte Modifikation.[14]

Auf dieser Grundlage wäre die Richtliniengebung durch den G-BA mangels hinreichender personeller demokratischer Legitimation nicht zu billigen. Seine Mitglieder werden offensichtlich nicht in einer Weise bestimmt, dass eine lückenlose Legitimationskette zum Volk führt. Und mit seinen Entscheidungen regelt auch keine Gruppe im Wesentlichen gleichermaßen Betroffener ihre eigenen Angelegenheiten. Daran mangelt es schon deshalb, weil – das ist ein Spezifikum der „gemeinsamen Selbstverwaltung", das besonders deutlich wird bei den Richtlinien, die nach §§ 135 oder 137c SGB V über den Leistungskatalog entscheiden – die Kassenvertreter über die Berufsausübung der Leistungserbringer und die Vertreter der Leistungserbringer über die Rechte der Versicherten mitentscheiden.

Zur strittigen Frage, ob die Erfordernisse demokratischer Legitimation wirklich so streng sein müssen oder ob in solchen Fällen nicht doch eine sachliche demokratische Legitimation durch hinreichend bestimmte ge-

---

[10] BVerfG v. 31.10.1990 - 2 BvF 2/89, BvF 6/89 - BVerfGE 83, 37; BVerfG v. 31.10.1990 - 2 BvF 3/89 - BVerfGE 83, 60; BVerfG v. 04.05.1995 - 2 BvF 1/92 - BVerfGE 93, 37.

[11] *Böckenförde* 2004, Rz. 11 ff., 33 f.

[12] BVerfG v. 09.05.1972 - 1 BvR 518/62, 1 BvR 308/64 - BVerfGE 33, 125.

[13] Vgl. *Ebsen* 1990.

[14] Ein systematischer Überblick über die in der Literatur vertretenen Ansätze findet sich bei *Schoch/Wieland* 2005, S. 235 ff.; siehe auch *Musil* 2004, S. 118 f.

setzliche Ermächtigungen (in analoger Anwendung der Anforderungen des Art. 80 Abs. 1 S. 2 GG) genügen oder aber Art. 87 Abs. 2 GG vor dem Hintergrund der bereits bei Schaffung des GG längst existenten Formen der auch „gemeinsamen" Selbstverwaltung in der GKV eine spezifische Rechtfertigung liefern würden[15], dazu können wichtige Argumente aus der schon erwähnten Entscheidung des BVerfG von 2003 gewonnen werden, auch wenn sie einen ganz anderen Sachbereich betrifft als den hier zu diskutierenden.

Das BVerfG hatte sich auf Vorlagen des Bundesverwaltungsgerichts (BVerwG) mit der Selbstverwaltung von Wasserverbänden in Nordrhein-Westfalen auseinanderzusetzen. Die Zusammensetzung der Organe dieser Wasserverbände war so, dass neben dem Land und gebietsangehörigen Kommunen auch private Unternehmen, Grundstückseigentümer und Wasserentnehmer sowie die Arbeitnehmer des Wasserverbandes einen maßgeblichen Einfluss auf dessen Entscheidungen hatten. Das BVerwG hielt dies – auf der Grundlage der skizzierten Dogmatik zur erforderlichen demokratischen Legitimation verbindlichen hoheitlichen Entscheidens offensichtlich zutreffend – für einen Verstoß gegen das Demokratieprinzip und hatte die Frage darum gemäß Art. 100 Abs. 1 GG dem BVerfG vorgelegt.[16] Dieses folgte dem BVerwG aber nicht und entwickelte seine Dogmatik zur demokratischen Legitimation funktionaler Selbstverwaltung weiter. Insbesondere drei Themenbereiche aus der intensiv diskutierten[17] Entscheidung sind hier von Interesse.

In Abgrenzung gegenüber seiner bisherigen einigermaßen strengen Rechtsprechung zu den Anforderungen demokratischer Legitimation, stellt der 2. Senat des BVerfG fest, dass diese Anforderungen in vollem Umfang nur für die Selbstverwaltung der Gebietskörperschaften gelten, also für den Bund, die Länder und die Kommunen: „Außerhalb der unmittelbaren Staatsverwaltung und der in ihrem sachlich-gegenständlichen Aufgabenbereich nicht beschränkten gemeindlichen Selbstverwaltung ist das Demokratiegebot offen für andere, insbesondere vom Erfordernis lückenloser personeller demokratischer Legitimation aller Entscheidungsbefugten abweichende Formen der Organisation und Ausübung von Staatsgewalt."[18]

---

[15] Das ist das Kernargument von *Axer* 2001, S. 299 ff.

[16] BVerwG v. 07.12.1997 - 6 C 2/97 - BVerwGE 106, 64, und vom gleichen Tage - 6 C 1/97 - NVwZ 1999, 870 ff.

[17] Neben den schon erwähnten *Schoch/Wieland* 2005; *Musil* 2004 siehe insbesondere noch *Becker* 2004; *Jestaedt* 2004; *Unruh* 2004.

[18] BVerfGE 107, 59 (91).

Damit erhält der Gesetzgeber einen großen Spielraum für die Organisation funktionaler Selbstverwaltung, dessen Umfang durch Aussagen zu möglichen Zwecken solcher Gestaltungen verdeutlicht wird: Es sei dem Gesetzgeber erlaubt, „für abgegrenzte Bereiche der Erledigung öffentlicher Aufgaben besondere Organisationsformen der Selbstverwaltung zu schaffen. Dadurch darf zum Einen ein wirksames Mitspracherecht der Betroffenen geschaffen und verwaltungsexterner Sachverstand aktiviert werden. Mit der Übertragung der Wahrnehmung öffentlicher Aufgaben in Formen der Selbstverwaltung darf der Gesetzgeber zum Anderen das Ziel verfolgen, einen sachgerechten Interessenausgleich zu erleichtern, und so dazu beitragen, dass die von ihm beschlossenen Zwecke und Ziele effektiver erreicht werden ....Die Auswahl der auf Organisationseinheiten der Selbstverwaltung zu übertragenden Aufgaben und die Regelung der Strukturen und Entscheidungsprozesse, in denen diese bewältigt werden, stehen weitgehend im Ermessen des Gesetzgebers..."[19]
Wichtig ist hier insbesondere, dass drei legitime Zwecke solcher Organisationen gleichberechtigt nebeneinander gestellt werden, nämlich:

a) die Entscheidungsbeteiligung der Betroffenen,
b) die Aktivierung verwaltungsexternen Sachverstandes und
c) das Austarieren betroffener Interessen.

Neben dieser recht weiten Öffnung des Instruments verbindlichen Entscheidens in funktionaler Selbstverwaltung für ganz unterschiedliche Zwecke und Ausgestaltungen nach politischem Ermessen des Gesetzgebers formuliert der Senat auch deutlicher als bisher Restriktionen bzw. zu erfüllende verfassungsrechtliche Anforderungen. Sofern solche Organisationen funktionaler Selbstverwaltung zu verbindlichen hoheitlichen Entscheidungen ermächtigt sind, verlange das Demokratieprinzip, „dass die Aufgaben und Handlungsbefugnisse der Organe in einem von der Volksvertretung beschlossenen Gesetz ausreichend vorherbestimmt sind und ihre Wahrnehmung der Aufsicht personell demokratisch legitimierter Amtswalter unterliegt..."[20]

Was an inhaltlichen Vorgaben „ausreichend" ist, wird in der Entscheidung nicht ausgeführt. Es spricht aber viel dafür, dass Differenzierungen, welche die bisherige Rechtsprechung des BVerfG nahe legt, nicht einfach über Bord geworfen werden sollten. Danach dürfte der zentrale Satz aus der Facharztentscheidung des BVerfG zur damals noch nicht so genannten funktionalen Selbstverwaltung seine Bedeutung behalten haben, es mache „einen erheblichen Unterschied aus, ob der Gesetzgeber

---

[19] ebd. S. 93.
[20] BVerfGE 107, 59 (94).

seine – der Materie nach prinzipiell unbeschränkte und allen Bürgern gegenüber wirksame –Normsetzungsbefugnis an eine Stelle der bürokratisch hierarchisch organisierten staatlichen Exekutive abgibt oder ob er innerhalb eines von vornherein durch Wesen und Aufgabenstellung der Körperschaft begrenzten Bereichs einen bestimmten Kreis von Bürgern ermächtigt, durch demokratisch gebildete Organe ihre eigenen Angelegenheiten zu regeln."[21] Wenn also das hoheitliche Handeln mit Entscheidungscharakter sich praktisch als Erledigung eigener Angelegenheiten durch eine hinreichend homogene Gruppe in einer bezogen auf diese Gruppe demokratischen Entscheidungsstruktur darstellt – das ist die Reinform der oben angeführten Entscheidungsbeteiligung der Betroffenen – dürften weiterhin lediglich die Anforderungen an die Bestimmtheit der Ermächtigungsgrundlage gelten, die sich aus der so genannten „Wesentlichkeitstheorie"[22] ergeben und die, wenn die Rede des BVerfG von einem „Unterschied" einen Sinn haben soll, weniger streng sind als die Standards des Art. 80 Abs. 1 S. 2 GG für Rechtsverordnungen.

Wenn hingegen diese Voraussetzungen nicht erfüllt sind – etwa weil es dem Gesetzgeber weniger auf Betroffenenselbstverwaltung ankommt als auf die Aktivierung verwaltungsexternen Sachverstandes und/oder das Austarieren betroffener Interessen – dürften das Demokratieprinzip und das aus ihm herzuleitende Gebot sachlich-inhaltlicher Legitimation mindestens so strenge Anforderungen an die Bestimmtheit der Ermächtigungsgrundlage stellen wie sie Art. 80 Abs. 1 S. 2 GG für die Ermächtigung zur Verordnungsgebung verlangt. Denn im Falle der Ermächtigung zum Erlass von Rechtsverordnungen besitzen zumindest die zulässigen Adressaten bundesgesetzlicher Ermächtigungen nach Art. 80 Abs. 1 S. 1 GG eine „lupenreine" personelle demokratische Legitimation. Und erst mit solchen eher strengen Anforderungen an die inhaltliche Bestimmtheit der Ermächtigungsgrundlage nach Inhalt, Zweck und Ausmaß dessen, was der Ermächtigte eigenverantwortlich regeln darf, erhält das eigentlich selbstverständliche Erfordernis einer Aufsicht durch personell demokratisch legitimierte Personen (also durch die unmittelbare Staatsverwaltung) hier seinen spezifischen Sinn.

Eine weitere Einschränkung der Befugnis zur Ausgestaltung funktionaler Selbstverwaltung – das ist das dritte hier zu behandelnde Themenfeld – formuliert das BVerfG mit dem Erfordernis, der Gesetzgeber dürfe „keine Ausgestaltung vorschreiben, die mit dem Grundgedanken autonomer

---

[21] BVerfGE 33, 125 (157).
[22] Dazu etwa *Hömig* 2003.

interessengerechter Selbstverwaltung einerseits und effektiver öffentlicher Aufgabenwahrnehmung andererseits unvereinbar wäre. Deshalb müssen die Regelungen über die Organisationsstruktur der Selbstverwaltungseinheiten auch ausreichende institutionelle Vorkehrungen dafür enthalten, dass die betroffenen Interessen angemessen berücksichtigt und nicht einzelne Interessen bevorzugt werden..."[23] Dieses Erfordernis einer aufgabenadäquaten Entscheidungsstruktur[24] ist eine notwendige Ergänzung der Öffnung des Organisationstyps funktionaler Selbstverwaltung für andere Aufgaben als diejenige binnendemokratischer Betroffenenselbstverwaltung. Denn während die aufgabenadäquate Entscheidungsstruktur bei dieser gewissermaßen automatisch aus den Erfordernissen homogener Gruppenbildung und binnendemokratischer Organisation erwächst, bedarf es bei Organisationen, die lediglich der Aktivierung von Sachverstand oder dem Zusammenspannen unterschiedlicher Interessen dienen, spezifischer Vorkehrungen, um nicht die Sachwidrigkeit von Entscheidungen geradezu strukturell durch die Entscheidungsorganisation vorzuprogrammieren.

Wenn man der hier skizzierten Linie der Rechtsprechung des BVerfG folgt, ist es einigermaßen klar, dass gegen das Konzept verbindlichen Entscheidens auch über Belange der GKV-Versicherten in „gemeinsamer Selbstverwaltung" und damit auch gegen die Richtliniengebung durch den G-BA im Prinzip nichts einzuwenden ist. Denn auch wenn – wohl entgegen dem 6. Senat des BSG[25] – die gemeinsame Selbstverwaltung sicherlich nicht als hinreichend binnendemokratische Betroffenenselbstverwaltung zu legitimieren ist, verwirklicht sie dennoch in einem unauflöslichen Mischungsverhältnis Elemente der Betroffenenbeteiligung, der Aktivierung von Sachverstand und des Zusammenspannens unterschiedlicher Interessen mit dem Ziel der Kompromissfindung. Sie ist insofern geradezu ein klassisches Beispiel für das nunmehr vom BVerfG prinzipiell akzeptierte Modell verbindlichen Entscheidens in funktionaler Selbstverwaltung.

Es verbleibt allerdings hinsichtlich der prinzipiellen Zulässigkeit der Regulierung in „gemeinsamer Selbstverwaltung" auch mit Verbindlichkeit gegenüber den Versicherten insofern ein Unsicherheitsfaktor, als zum Einen der 1. Senat des BVerfG, wie schon erwähnt[26], diese Frage aus-

---

[23] BVerfGE 107, 59 (93).
[24] Vom BVerfG entwickelt unter Verweis auf *Groß* 1999.
[25] BSGE 78, 70 (82), wo von einer Interessenhomogenität von Versicherten, Arbeitgebern und Kassenärzten ausgegangen wird; siehe auch *Engelmann* 2000, S. 6 ff. 76 ff.; in dieser Hinsicht kritischer der 1. Senat (vgl. BSGE 81, 73 (82).
[26] Vgl. oben bei Fn. 6.

drücklich offen gelassen hat, statt sie mit dem eigentlich nahe liegenden Verweis auf den offensichtlich einschlägigen Beschluss des 2. Senats zu entscheiden, und als zum Anderen auch eine in anderem Zusammenhang erfolgte Bezugnahme des 1. Senats auf die Entscheidung des 2. Senats Zweifel über das Maß an Übereinstimmung begründen kann. In einer Entscheidung, in welcher es um die Verfassungsmäßigkeit der Ausgestaltung von Notarkassen als Trägern funktionaler Selbstverwaltung ging[27], zitiert der 1. Senat des BVerfG zwar zustimmend die Rechtsprechung des 2. Senats, begründet diese Zustimmung aber mit einer wieder stärker die binnendemokratische Betroffenenselbstverwaltung in den Mittelpunkt stellende Argumentation.[28] Und er betont noch stärker, als dies in den Formulierungen des 2. Senats anklingt, das Erfordernis angemessener Berücksichtigung der Interessen Betroffener in der Entscheidungsstruktur[29] und verlangt sogar ausdrücklich eine binnendemokratische Organisation[30]. Es bleibt unklar, ob dieses Erfordernis nur im Zusammenhang mit ersichtlich als Betroffenenselbstverwaltung geschaffenen und ausgestalteten Organisationen gelten soll oder ob es als Absage an Formen funktionaler Selbstverwaltung zu verstehen ist, die zum Zweck der Aktivierung externen Sachverstandes und/oder des Zusammenspannens unterschiedlicher Interessen auf binnendemokratische Strukturen verzichten. Insofern bleibt bis zur Klärung eventueller Divergenzen zwischen den Senaten des BVerfG die prinzipielle Zulässigkeit der Normsetzung in gemeinsamer Selbstverwaltung weiter auf der Agenda verfassungsrechtlicher Diskussion.

---

[27] BVerfG v. 13.07.2004 - 1 BvR 1298/94 u. a. - BVerfGE 111, 191.

[28] „Die Einrichtung funktionaler Selbstverwaltung als Ausprägung des Demokratieprinzips des Art. 20 Abs. 2 GG mit dem Ziel der Verwirklichung der freien Selbstbestimmung (vgl. BVerfGE 107, 59 <92> unter Bezugnahme auf BVerfGE 44, 125 <142>) ..." (BVerfGE 111, 191 [216]).; auch im übrigen wird primär auf die „klassischen" Entscheidungen zur Legitimation echter Betroffenenselbstverwaltung (BVerfGE 33, 125; 76, 181) Bezug genommen.

[29] „Wählt der parlamentarische Gesetzgeber für bestimmte öffentliche Aufgaben eine Organisationsform der Selbstverwaltung, muss er institutionelle Vorkehrungen zur Wahrung der Interessen der von ihr erfassten Personen treffen. Organisation und Verfahren müssen Gewähr dafür bieten, dass die verfolgten öffentlichen Aufgaben innerhalb der Anstalt für diejenigen, die der Satzungsgewalt unterworfen sind, unter Berücksichtigung ihrer Interessen angemessen wahrgenommen werden. Dies gilt insbesondere bei der Delegation der Befugnis, verbindliche Entscheidungen zu treffen." (BVerfGE 111, 191 [217]).

[30] „Der Gesetzgeber hat sicherzustellen, dass sich die verbindlich und autonom gesetzten Regelungen mit Eingriffscharakter als Ergebnis eines demokratischen Willensbildungsprozesses im Innern darstellen." (BVerfGE 111, 191 [217 f.]).

3. Zur Frage einer aufgabenadäquaten Entscheidungsstruktur

Das BVerfG hat, wie bereits dargelegt, in jüngeren Entscheidungen auch das Erfordernis einer funktionsadäquaten Entscheidungsstruktur präzisiert. Zwar könne der Gesetzgeber relativ frei über das Instrument funktionaler Selbstverwaltung disponieren, er müsse aber den Grundgedanken autonomer interessengerechter Selbstverwaltung wahren und für eine effektive öffentliche Aufgabenverwaltung sorgen. Deshalb müssten die Regelungen über die Organisationsstruktur der Selbstverwaltungseinheiten auch ausreichende institutionelle Vorkehrungen dafür enthalten, dass die betroffenen Interessen angemessen berücksichtigt und nicht einzelne Interessen bevorzugt würden. Dies kann vereinfachend dahingehend zusammengefasst werden, dass sich die Entscheidungsstruktur als gemeinwohlorientiert und bezogen auf die berührten Interessen unparteilich rechtfertigen lassen muss.

Mit diesen Anforderungen wird für die Regulierung in gemeinsamer Selbstverwaltung und den G-BA als deren wichtigste Einrichtung die Diskussion von der Frage prinzipieller Zulässigkeit zu Einzelfragen der Ausgestaltung gelenkt. Hierfür bedarf es gründlicher Detailstudien, die auch empirische Forschung umfassen. Und erst aufgrund solcher Detailuntersuchungen wird es möglich sein, die noch recht vagen verfassungsrechtlichen Postulate auf konkrete Problemfälle zu fokussieren und dabei zu präzisieren. Das kann hier nicht einmal ansatzweise geleistet werden. Stattdessen sollen einige Punkte angesprochen werden, die immerhin verdeutlichen, wo Probleme liegen könnten.

Was die Entscheidungsstruktur im G-BA angeht, ist hinreichend gesichert, dass die Entscheidungsbeteiligten Sachverstand mitbringen. Das spricht für eine effektive Aufgabenerledigung. Es ist aber auch klar, dass sie Vertreter von Partikularinteressen sind, die in erster Linie die Ziele ihrer Organisationen im Auge haben. Letzteres ist als solches kein Problem. Denn Gemeinwohlorientierung der Institution in ihrer Gänze kann – das ist ja der Sinn des Zusammenspannens unterschiedlicher Interessen – auch in der Weise entstehen, dass die je für sich partikularen und insofern noch nicht gemeinwohlorientierten Interessen in ihrem Zusammenwirken wie in einem Kräfteparallelogramm oder einem Kräftepolygon eine Resultante erzeugen, die ihrerseits hinreichend gemeinwohlorientiert ist.

Auch wenn dies zutrifft, gibt es doch Probleme. Das erste Problem ergibt sich aus der Zusammenfassung der früher getrennten Regulierungen in dem nun umfassenden G-BA. Während die alte Konstruktion des Bundesausschusses der Ärzte und Krankenkassen auf dem Zusammenwirken von zwei Kräften mit zwischen ihnen stehenden Neutralen beruhte und insofern Kompromisse auf jeweils „mittleren Linien" nahe legte, gibt es für den G-BA als Plenum – bzw. genauer: in seiner Zusammensetzung nach § 91 Abs. 2 SGB V – nunmehr drei Interessengruppen, nämlich die Kassenseiten, die Seite der Vertragsärzte und die Seite der durch die DKG vertretenen Krankenhäuser.[31] Diese Veränderung, die nicht für die in den jeweiligen Sektoren zutreffenden sachlichen Entscheidungen gilt, bedingt ein gänzlich anderes „Spiel" der beteiligten Akteure. Es gibt nämlich nunmehr die Möglichkeit der Bündniskooperation von zwei Seiten zu Lasten der dritten, deren Interessen dann gar nicht in den Kompromiss einbezogen werden müssen. Dies ist besonders gravierend, wenn aufgrund der Bündnisbildung die neutralen Mitglieder des G-BA im Streitfall keinen bestimmenden Einfluss mehr haben. Die strukturelle zu vermutende „Richtigkeit" von Entscheidungen im Sinne eines gesetzlich gewollten gleichen Einflusses der zusammengespannten Akteure könnte auf diese Weise verloren gehen. Die Auseinandersetzungen um die Verfahrensordnung des G-BA einschließlich der Einbeziehung der Rechtsaufsicht[32] sind möglicherweise ein Beispiel für das geschilderte Problem.

Ein zweites Problem ist noch offenkundiger: Nicht alle Interessen sind am Entscheidungsverfahren beteiligt. Innerhalb der Leistungserbringer sind es eben nur die ärztlichen. Das ist sicherlich zu rechtfertigen, und zwar nicht nur mit dem Argument der Praktikabilität. Viel wichtiger dürfte der Gesichtspunkt sein, dass diejenigen Gruppen im G-BA entscheidungsbefugt sind, die im System der Sachleistung und der Konkretisierung des Sachleistungsanspruchs des Versicherten auch im Einzelfall entscheiden. Andererseits kann es immer wieder zu Entscheidungskonstellationen kommen, in denen es um Interessengegensätze zwischen im G-BA vertretenen Gruppen und solchen Gruppen geht, die nicht vertreten sind. Dies ist nun zu messen am Postulat des BVerfG, dass die Entscheidungsstruktur dafür zu sorgen habe, dass keine gleichermaßen legitimen Interessen auf der Strecke bleiben. Dies kann an einem möglicherweise nicht nur hypothetischen Beispiel verdeutlicht werden. Wenn der G-BA – in der Zusammensetzung nach § 91 Abs. 5 S. 2 SGB V – über die Anerkennung bisher nicht anerkannter psychotherapeutischer Verfahren nach § 92 Abs. 6a SGB V als zur Krankenbehandlung geeignet und/oder über die Anerkennung entsprechender Methoden nach § 135 Abs. 1 S. 1 SGB V beschließt, ergibt sich mit großer Wahrscheinlichkeit aus der gesetzlichen Entscheidungsstruktur ein-

---

[31] Die interne Interessenstruktur der drei Gruppen, die auch nicht monolithisch ist, soll hier vernachlässigt werden.

[32] Dazu aus unterschiedlicher Perspektive *Visarius/Lehr* 2005, *Dietz* 2005.

schließlich der Entscheidungsstrukturen in den KVen und der entsendenden KBV, dass Anhänger der bereits anerkannten Psychotherapieverfahren darüber entscheiden, ob sie sich künftig den „Kuchen" mit weiteren Gruppen teilen sollen oder nicht. Entsprechende Interessenkonflikte könnte es auch geben, wenn die Entscheidung über die Anerkennung oder Nichtanerkennung von Methoden nach § 135 Abs 1 oder Abs. 2 oder § 137c Abs. 1 SGB V dazu führen kann, dass getätigte Investitionen entscheidungsbeteiligter Gruppen – etwa in durch andere Methoden obsolet werdende Geräte – entwertet werden. Verallgemeinernd lässt sich sagen, dass die gegebenen Entscheidungsstrukturen des G-BA möglicherweise die Gefahr nicht hinreichend ausschließen, dass die Partikularinteressen der entscheidungsbeteiligten Gruppen mit dem Ziel in Konflikt geraten könnten, den Versicherten die Leistungen zur Verfügung zu stellen, welche ihnen nach dem allgemein anerkannten Stand der medizinischen Erkenntnisse unter Berücksichtigung des medizinischen Fortschritts und des Gebots der Wirtschaftlichkeit zustehen sollen (§ 2 Abs. 1 SGB V).

Der dritte hier anzusprechende Problembereich ist – gerade auch im Hinblick auf das soeben angesprochene Problem möglicher Verwerfungen des Interessenausgleichs – die Frage angemessener Repräsentanz der Interessen der Versicherten. Der Versicherte hat typischerweise konträre Interessen, im Hinblick auf den klassischen Zielkonflikt jeglichen Gesundheitssystems, das nicht auf unbeschränkte Ressourcen zurückgreifen kann. Für den Beitragszahler soll die GKV möglichst billig sein. Sobald ein Versicherter aber ernstlich krank ist, hat er als Patient ein Interesse an möglichst guter Versorgung. Der Ausgleich zwischen Beitragszahler- und Patienteninteresse im Rahmen der gesetzlichen Vorgaben findet auch in den Entscheidungen des G-BA statt. Dabei dürfte aus verschiedenen Gründen – insbesondere dem Wettbewerbsdruck auf die Beitragshöhe – das Beitragszahlerinteresse in den Krankenkassen einen gewissen Vorrang vor dem Patienteninteresse haben. Umgekehrt dürfte bei den entscheidungsbeteiligten Leistungserbringern deren Interesse an Einnahmen und damit an eher großen Leistungsmengen dem Patienteninteresse an optimaler Behandlung im Prinzip entsprechen. Insofern könnte die Entscheidungsstruktur des G-BA als grundsätzlich angemessen angesehen werden. Das sieht allerdings etwas anders aus, wenn man die verschiedenen Techniken von Budgetierung oder pauschal wirkender Mengensteuerung in Betracht zieht. Sobald die Gesamtmenge dessen, was die Kassen in jeweiligen Sektoren zu zahlen haben, weitgehend festliegt oder sofern Mengenausweitungen durch Abschläge unattraktiv werden, gibt es auf der Leistungserbringerseite kein ungebrochenes Interesse an Leistungsmengen. Hier sind Einigungen zwischen der Kassenseite und der Leistungserbringerseite auf Kosten des Patienteninteresses vorstellbar.

Dieser sicherlich nicht vollständige Überblick über potenziell problematische Interessenkonstellationen ist auch bei der Beurteilung der mit dem GMG eingeführten Beteiligung von „Patientenvertretern" nach § 140f SGB V (mit allerdings lediglich beratender und anregender Funktion) zu berücksichtigen. Dies dürfte in manchen Situationen eine Verbesserung bringen. Es kommen weitere Spieler hinzu. Die Patientenvertreter dürften das Gewichtverhältnis in den Zielkonflikt zwischen Qualität und Kostengünstigkeit verschieben. Allerdings lassen sich Fragen zur Repräsentativität stellen, welche durch das derzeitige System der Zulassung von Organisationen und der Benennung von Vertretern nach §§ 140f und 140g SGB V sowie der Patientenbeteiligungsverordnung[33] nur recht pragmatisch gelöst wurden. Eine echte Entscheidungsbeteiligung von Patientenvertretern, welche tendenziell geeignet wäre, Defizite der gegebenen Entscheidungsstruktur zu kompensieren, bräuchte wohl überzeugendere Repräsentationsformen.

4. Zu den Verfassungsanforderungen an die richterliche Kontrolldichte

Zum Schluss soll auf einen Punkt eingegangen werden, dessen Zusammenhang mit der Verfassungsmäßigkeit der Regulierung durch den G BA erst auf den zweiten Blick ersichtlich ist, nämlich die gebotene Intensität rechtlicher Kontrolle der Entscheidungen des G-BA. Das betrifft in gleicher Weise die Rechtsaufsicht wie die gerichtliche Kontrolle. Diese Frage rechtlicher Kontrolldichte ist zum Einen verknüpft mit dem gerade durch die jüngere Verfassungsrechtsprechung zur funktionalen Selbstverwaltung betonten Gebot hinreichend bestimmter gesetzlicher Ermächtigungen. Wie bestimmt solche Ermächtigungen tatsächlich sind, hängt auch von deren Interpretation durch die Gerichte ab, welche ihrerseits damit die Kontrollstandards der Rechtsaufsicht determinieren. Und angesichts der Verfassungsanforderungen an die Bestimmtheit rechtlicher Vorgaben für das verbindliche Entscheiden des G-BA ist gegebenenfalls zu bedenken, dass auf den ersten Blick unbestimmte Ermächtigungstatbestände auch einmal im Wege der Auslegung verfassungskonform präzisiert werden können.

Der zweite Zusammenhang der Kontrolldichte mit den erörterten Verfassungsfragen ergibt sich aus der Möglichkeit gewisser Kompensationen

---

[33] PatBeteiligungsV v. 19.12.2003, BGBl. I. S. 2753.

von Defiziten der Entscheidungsstruktur im G-BA durch Rechtskontrolle. In einem weiteren Sinne können auch die Rechtskontrolle und deren Intensität als Elemente der auf die Regulierung durch den G-BA bezogenen Entscheidungsstruktur verstanden werden, welche insgesamt funktionsadäquat sein muss. Wenn sich also Schwächen hinsichtlich der funktionsadäquaten Entscheidungsstruktur im G-BA herausstellen, dann könnte eine intensive rechtsaufsichtliche und richterliche Kontrolldichte ein feineres und differenzierteres Korrekturinstrument sein als die Verneinung der Verfassungsmäßigkeit von Elementen der Organisation oder des Verfahrens des G-BA.[34]

Im Vordergrund aller Auseinandersetzungen um die Kompetenzen des G-BA stehen die Richtlinien zur Anerkennung oder Nichtanerkennung von Untersuchungs- und Behandlungsmethoden nach § 135 Abs. 1 SGB V. Soweit es hierbei zu Rechtsstreitigkeiten kommt, geht es typischerweise nicht unmittelbar um die Kontrolle der Richtliniengebung des G-BA, mit welcher sich die Gerichte auch erst bei Konflikten um Maßnahmen der Aufsicht zu befassen hätten. Die typischen Konstellationen, in denen es vor Gericht um die Rechtmäßigkeit von Verhalten des G-BA geht, sind vielmehr Auseinandersetzungen um geltend gemachte Ansprüche auf Krankenbehandlung, welche von Krankenkassen unter Verweis auf fehlende Anerkennung oder ausdrückliche Verneinung der Anerkennung neuer Methoden durch den G-BA verweigert wurden. Da die Versicherten in aller Regel nicht warten wollen, bis rechtskräftig über ihren geltend gemachten Anspruch auf Sachleistung entschieden wurde, geht es zumeist um einen Anspruch auf Kostenerstattung nach § 13 Abs. 3 S. 1 SGB V wegen rechtswidriger Ablehnung der Leistung durch die Krankenkasse („Systemversagen"[35]). In diesen Konstellationen sind drei Fragen auseinander zu halten, nämlich zum Einen diejenige, inwieweit auch bei Anerkennung der prinzipiellen Rolle der Richtlinien des G-BA als verbindliche Konkretisierungen des Anspruchs auf Krankenbehandlung ausnahmsweise doch auch ohne oder gegen Richtlinien solche Behandlung verlangt werden kann[36], zum Zweiten diejenige, ob eine Regelung oder das Unterlassen einer Regelung durch den G-BA rechtswidrig ist, und zum Dritten diejenige, inwieweit bei unterstellter Rechtswidrigkeit die Gerichte anstelle des G-BA den Anspruch auf Krankenbehandlung konkretisieren können. Hier geht es allein um die zweite Frage.

---

[34] Hierzu ausführlicher *Ebsen* 1997, S. 100 ff.; siehe auch *Roters* 2003, S. 220 ff.

[35] Dazu *Dahm* 2002.

[36] Hierzu hat jüngst das BVerfG die bisherige restriktive Haltung des BSG korrigiert und entschieden, gemäß der Verfassung sei es in Fällen schwerster Krankheiten und bei fehlenden allgemein anerkannten wirksamen Behandlungsmethoden geboten, einen Anspruch auf Therapieversuche auch mit nicht allgemein anerkannten Methoden anzuerkennen, sofern diese nur auf einigermaßen plausiblen theoretischen Annahmen beruhen und vom behandelnden Arzt für möglicherweise wirksam gehalten würden; vgl. oben Rz. 6.

Die dazu vom BSG mehrfach erfolgte Äußerung im Hinblick auf die verfassungsgebotenen inhaltlichen Bindungen des G-BA und auf die Gefahr unausgewogener Interessenrepräsentation ist wohl korrekturbedürftig. Hierzu seien zwei exemplarische Entscheidungen hervorgehoben. Im Jahre 1997 hat der 1. Senat des BSG einerseits den Spielraum des G-BA als Normsetzer betont und andererseits deutliche Zurückhaltung gegenüber dessen Rechtsanwendung gezeigt und sich insbesondere weitgehend einer inhaltlichen Kontrolle enthalten.[37] Der Zweck einer solchen Zurückhaltung, nämlich die durchaus verständliche Scheu, sich in noch unentschiedene medizinische Auseinandersetzungen hineinziehen zu lassen, wird in einer weiteren Entscheidung des Senats erkennbar.[38]

Dem gegenüber dürfte das Verfassungserfordernis hinreichender Bestimmtheit der Ermächtigungsgrundlage eine Auslegung der für die Entscheidungen des G-BA über Behandlungs- und Untersuchungsmethoden zentralen Vorschriften gebieten, die mit einer solchen Zurückhaltung nicht vereinbar ist. Mit den inhaltlichen Vorgaben des § 135 Abs. 1 SGB V ebenso wie in § 137c Abs. 1 SGB V hinsichtlich stationärer Methoden wird auf die allgemeinen Vorschriften über den Anspruch auf Krankenbehandlung verwiesen, zu dessen Konkretisierung die Richtlinien dienen. Danach müssen die Richtlinien dasjenige, aber auch nur dasjenige anerkennen, was nach dem allgemein anerkannten Stand der medizinischen Erkenntnisse unter Berücksichtigung des medizinischen Fortschritts nützt (§ 2 Abs. 1 S. 3 SGB V) und dabei –auch im Blick auf andere Methoden – wirtschaftlich ist. Das ist ein äußerst kompliziertes Programm, in welchem sich gebotene Tatsachenerhebungen (z. B.: Was ist zu einem jeweiligen Zeitpunkt der allgemein anerkannte Stand der medizinischen Erkenntnisse?) mit der Aufgabe präzisierender Interpretation (z. B.: Wann sind wissenschaftliche Erkenntnisse allgemein anerkannt?) und dem Erfordernis der Abwägung zwischen gegenläufigen Zielen (z. B.: Wann ist ein zusätzlicher Nutzen groß genug, um bestimmte zu-

---

[37] BSGE 81, 73 (85): „Die Ermächtigung zur Rechtssetzung eröffnet dem Bundesausschuss wie jedem Normgeber einen eigenen Gestaltungs- und Beurteilungsspielraum. Dieser ist zwar enger als der des parlamentarischen Gesetzgebers ... Ferner hat er sein Verfahren an rechtsstaatlichen Grundsätzen auszurichten, insbesondere die verfügbaren Beurteilungsgrundlagen auszuschöpfen. Seine Entscheidungen unterliegen jedoch keiner darüber hinausgehenden Inhaltskontrolle. Die Gerichte sind auf die Prüfung beschränkt, ob die Richtlinien in einem rechtsstaatlichen Verfahren formal ordnungsgemäß zustande gekommen sind und mit dem Zweck der gesetzlichen Ermächtigung in Einklang stehen."

[38] BSG v. 19.03.2002 - SozR 3-2500 § 138 Nr. 2: „Wie andere untergesetzliche Rechtsnormen sind die Entscheidungen des Bundesausschusses von den Gerichten nur daraufhin zu überprüfen, ob sie höherrangigem Recht entsprechen. Da die Gerichte nicht dazu berufen sind, selbst zum therapeutischen Nutzen einer Methode oder eines Heilmittels Stellung zu nehmen, beschränkt sich die Überprüfung auf das Verfahren vor dem Bundesausschuss und die seiner Entscheidung zu Grunde gelegten Maßstäbe."

sätzliche Kosten zu rechtfertigen?) verbinden. Wie kompliziert[39] diese Aufgabe ist, zeigt die inzwischen vorliegende und differenziert elaborierte Verfahrensordnung des G-BA[40]. Damit die Anwendung dieser Anhäufung miteinander verschränkter unbestimmter Begriffe nicht zu einem unzulässigen Spielraum des G-BA führt, der auch die Überprüfung problematischer Interesseneinflüsse unmöglich macht, bedarf es der gerichtlichen Entwicklung einer Dogmatik der Rechtskontrolle, welcher sich das BSG nicht entziehen darf. Dass dies möglich ist, zeigt die ausgefeilte Dogmatik der Verwaltungsgerichte zur Kontrolle der Bauleitplanung.[41] Mit ihr wird die Normsetzung von Kommunalparlamenten kontrolliert, also von Entscheidern, die im Gegensatz zum G-BA eine hohe personelle demokratische Legitimation besitzen, die allerdings ebenfalls der Gefahr problematischer Interesseneinflüsse unterliegen. Es ist nicht ersichtlich, warum nicht auch für den G-BA ein differenzierendes Prüfschema zu entwickeln ist. Jedenfalls ist der Hinweis auf kaum gerichtlich entscheidbare medizinische Kontroversen nicht stichhaltig. Denn wie auch das BSG selbst betont[42], hat der G-BA nicht etwa selbst einen wissenschaftlichen Standpunkt zu entwickeln, sondern mit Bezug auf Wirksamkeit und Nutzen von Methoden lediglich zu ermitteln, was insoweit in der (weltweiten) medizinischen Wissenschaft konsentiert ist. Die Überprüfung bleibt schwierig genug. Sie ist aber zur Vermeidung eines verfassungsrechtlich nicht vertretbaren Entscheidungsspielraums unvermeidlich. Insofern liegt es in der Hand der Fachgerichtsbarkeit, ob sie das ersichtliche verfassungsgerichtliche „Unbehagen" an der Rolle des G-BA entkräften kann oder ob mit weiteren „Querschüssen"[43] nach Art der Entscheidung vom 6. Dezember 2005 zu rechnen ist.

---

[39] Diese Kompliziertheit wird noch erhöht durch die Bestimmung, dass durch die Orientierung auf den allgemein anerkannten medizinischen Standard die Methoden der „besonderen Therapierichtungen" nicht ausgeschlossen seien (§ 2 Abs. 1 S. 2 SGB V); darauf wird hier nicht eingegangen.

[40] Verfahrensordnung des G-BA in der Fassung vom 20.09.2005, Bundesanzeiger Nr. 242 (S. 16.998) vom 24. Dezember 2005.

[41] Grundlegend BVerwGE 34, 301; siehe auch *Hoppe*, 2003.

[42] BSG v. 19.02.2003 - B 1 Kr 18/01 R - SozR 4-2500 § 135 Nr. 1.

[43] Die Entscheidung des BVerfG ist in der Sache nicht sonderlich überzeugend. Es leuchtet nämlich nicht ein, warum die solidarisch finanzierte GKV für Therapien aufkommen soll, für deren Nutzen sehr wenig spricht, nur weil der betroffene Versicherte an einer nach dem Stand der Wissenschaft nicht heilbaren lebensgefährlichen Erkrankung leidet. Andererseits ist die Tendenz der Entscheidung gut nachvollziehbar, einem starren „Abwehrsystem" entgegenzuwirken, welches eine auf übertriebenen Standards von Evidenzbasierung basierende Praxis im G-BA im Zusammenwirken mit verweigerter Inhaltskontrolle durch die Fachgerichte errichten könnte.

Literaturverzeichnis

Axer, Peter (2000), Normsetzung der Exekutive in der Sozialversicherung. Ein Beitrag zur den Voraussetzungen und Grenzen untergesetzlicher Normsetzung im Staat des Grundgesetzes, Tübingen.

Axer, Peter (2002), Das Normsetzungsinstrumentarium im Vertragsarztrecht; in: Schnapp, Friedrich E./Wigge, Peter (Hrsg.), Handbuch des Vertragsarztrechts, München, S. 205-229.

Becker, Joachim (2004), Das Demokratieprinzip und die Mitwirkung Privater an der Erfüllung öffentlicher Aufgaben. Zum Beschluss des Bundesverfassungsgerichts Lippeverband und Emschergenossenschaft vom 5. Dezember 2002, DÖV, S. 910-915.

Böckenförde, Ernst-Wolfgang (2004), Demokratie als Verfassungsprinzip, in: Isensee/Kirchhof, Handbuch des Staatsrechts, 3. Aufl., Bd. I, München, S. 429 - 496.

Butzer, Hermann/ Kaltenborn, Markus (2001), Die demokratische Legitimation des Bundesausschusses der Ärzte und Krankenkassen, MedR, 333-342.

Dahm, Franz-Josef (2002), Das "Systemversagen" in der Gesetzlichen Krankenversicherung, MedR, S. 6-10.

Dietz, Dominik (2005), Die Verfahrensordnung - Sektorenübergreifende Nutzenbewertung oder weitere Abschottung? KrV, S. 307-310.

Ebsen, Ingwer (1990), Autonome Rechtsetzung in der Sozialversicherung und der Arbeitsförderung als Verfassungsproblem, VSSR, S. 57-73.

Ebsen, Ingwer (1994), Rechtsquellen, in: Bertram Schulin (Hrsg.), Handbuch des Sozialversicherungsrechts, Bd. I. Krankenversicherung, München, S. 249-289.

Ebsen, Ingwer (1997), Der Behandlungsanspruch des Versicherten in der gesetzlichen Krankenversicherung und das Leistungserbringungsrecht, in: Festschrift für Otto Ernst Krasney zum 65. Geburtstag, S. 81-107.

Emde, Ernst Thomas (1991), Die demokratische Legitimation der funktionalen Selbstverwaltung. Eine verfassungsrechtliche Studie anhand der Kammern, der Sozialversicherungsträger und der Bundesanstalt für Arbeit, Berlin.

Engelmann, Klaus (2000), Untergesetzliche Normsetzung im Recht der gesetzlichen Krankenversicherung durch Verträge und Richtlinien, NZS, S. 1-8, 76-84.

Groß, Thomas (1999), Das Kollegialprinzip in der Verwaltungsorganisation, Tübingen.

Hänlein, Andreas (2001), Rechtsquellen im Sozialversicherungsrecht. System und Legitimation untergesetzlicher Rechtsquellen des deutschen Sozialversicherungsrechts, Berlin.

Hase, Friedhelm (2005), Verfassungsrechtliche Bewertung der Normsetzung durch den Gemeinsamen Bundesausschuss, MedR, S. 391-397.

Hebeler, Timo (2002), Verfassungsrechtliche Probleme "besonderer" Rechtssetzungsformen funktionaler Selbstverwaltung. Die Richtlinien des Bundesausschusses für Ärzte und Krankenkassen, DÖV, S. 936-943.

Hömig, Dieter (2003), Grundlagen und Ausgestaltung der Wesentlichkeitslehre, in: Festgabe 50 Jahre Bundesverwaltungsgericht, 273-288.

Hoppe, Werner (2003), Entwicklung von Grundstrukturen des Planungsrechts durch das BVerwG, DVBl, S. 697-706.

Jestaedt, Matthias (2004), Demokratische Legitimation - quo vadis? JuS, S. 649-653.

Kluth, Winfried (1997), Funktionale Selbstverwaltung. Verfassungsrechtlicher Status – verfassungsrechtlicher Schutz, Tübingen.

Koch, Thorsten (2001), Normsetzung durch Richtlinien des Bundesausschusses der Ärzte und Krankenkassen? SGb, S. 109-116; 166-174.

Musil, Andreas (2004), Das Bundesverfassungsgericht und die demokratische Legitimation der funktionalen Selbstverwaltung, DÖV, S. 116-120.

Neumann, Volker (2001), Anspruch auf Krankenbehandlung nach Maßgabe der Richtlinien des Bundesausschusses?, NZS, 515-519.

Oldiges, Franz-Josef (2000), Der "kleine Gesetzgeber" und die Rechte der Versicherten, in: Schnapp (Hrsg), Probleme der Rechtsquellen im Sozialversicherungsrecht - Teil 3, S. 35-71 (Bochumer Schriften zum Sozialrecht, 6).

Roters, Dominik (2003), Die gebotene Kontrolldichte bei der gerichtlichen Prüfung der Richtlinien des Bundesausschusses der Ärzte und Krankenkassen, Frankfurt (Frankfurter Schriften zur Gesundheitspolitik und zum Gesundheitsrecht, Band 1).

Schoch, Friedrich/Wieland, Joachim (2005), Verfassungsrechtliche Probleme sozialrechtlicher Vereinbarungen, ZG, S. 223-242.

Unruh, Peter (2003), Zur verfassungsrechtlichen Zulässigkeit und der demokratischen Legitimation der funktionalen Selbstverwaltung, JZ, S. 1061-1063.

Visarius, Jutta/Lehr, Andreas (2005), Im Fokus - G-BA, KH, S. 388-389, 469-471.

Welti, Felix (2006), Der sozialrechtliche Rahmen ärztlicher Therapiefreiheit, GesR, S. 1-12.

Die Kompetenzen des Gemeinsamen Bundesausschusses aus staatsrechtlicher Sicht unter besonderer Berücksichtigung des europäischen Gemeinschaftsrechts

Christian Koenig

Die großzügige Zuteilung umfassender Kompetenzen an den Gemeinsamen Bundesausschuss ist nicht erst im Rahmen der letzten Gesundheitsreform eingeführt worden. Vor allem im Hinblick auf die demokratische Legitimation seiner Entscheidungen scheiden sich seit jeher auch an ihr die Geister. Der Gesetzgeber hat durch das GKV-Modernisierungsgesetz[1] dem Ausschuss aber zahlreiche neue Aufgaben zugewiesen und seine Position auch im Übrigen gestärkt, insbesondere durch den Auftrag, ein Institut für Qualität und Wirtschaftlichkeit im Gesundheitswesen zu errichten, das zu Fragen von grundsätzlicher Bedeutung für die Qualität und Wirtschaftlichkeit der im Rahmen der gesetzlichen Krankenversicherung erbrachten Leistungen tätig werden soll.

Es ist eine vielfach geäußerte These, dass sich der Gesetzgeber mit dem Gemeinsamen Bundesausschuss einen verlässlichen Partner geschaffen hat, mit dessen Hilfe er eine Auseinandersetzung der Öffentlichkeit über die Steuerung der Erstattungsfähigkeit von Leistungen – und durch die Errichtung des Qualitätsinstitutes nunmehr auch die Steuerung medizinischer Wissenschaft und Forschung in Deutschland – mit sich selbst ablenken kann. Mit der Abgabe konfliktträchtiger Kompetenzen an den Gemeinsamen Bundesausschuss können eigene unpopuläre Entscheidungen (die sich auf Grund der anhaltend schlechten finanziellen Lage mehren werden) vermieden werden. Schließlich werden die Mitglieder des Gemeinsamen Bundesausschusses im Gegensatz zu den Mitgliedern des Bundestages nicht gewählt.

Ich werde mich in diesem Beitrag mit den folglich nach wie vor aktuellen Fragen befassen, an welchen verfassungs- und gemeinschaftsrechtlichen Maßstäben die Richtlinien des Gemeinsamen Bundesausschusses zu messen sind, und ob sie der Überprüfung entsprechend dieser Maßstäbe standhalten können.

---

[1] Gesetz zur Modernisierung der gesetzlichen Krankenversicherung (GKV-Modernisierungsgesetz – GMG) vom 14.11.2003, BGBl. I, S. 2190.

1. Richtlinien des Gemeinsamen Bundesausschusses

Der Gemeinsame Bundesausschuss setzt sich aus 21 Mitgliedern zusammen, Funktionären des Systems der gesetzlichen Krankenversicherung. Neben dem unparteiischen Vorsitzenden und zwei weiteren unparteiischen Mitgliedern, die traditionell verdiente Veteranen der gesetzlichen Krankenversicherung sind, gehören ihm neun Vertreter der Krankenkassen und neun Vertreter der Leistungserbringer (Vertreter des Kassenärztlichen Bundesvereinigung, Vertreter der Kassenzahnärztlichen Bundesvereinigung, Vertreter der Deutschen Krankenhausgesellschaft) an. Die Vorarbeiten werden in Unterausschüssen geleistet, die der Gemeinsame Bundesausschuss in beliebiger Zahl errichten kann.

Der Gemeinsame Bundesausschuss beschließt gemäß § 92 Abs. 1 SGB V die zur Sicherung der ärztlichen Versorgung erforderlichen Richtlinien über die Gewährung einer ausreichenden, zweckmäßigen und wirtschaftlichen Versorgung der gesetzlich Krankenversicherten. Er kann dabei die Erbringung und Verordnung von Leistungen oder Maßnahmen einschränken oder ausschließen, wenn der diagnostische oder therapeutische Nutzen, die medizinische Notwendigkeit oder die Wirtschaftlichkeit nicht nachgewiesen sind. Dabei hat der Gemeinsame Bundesausschuss nicht selbst über den medizinischen Nutzen der Methode zu urteilen. Seine Aufgabe ist es vielmehr, sich einen Überblick über die veröffentlichte Literatur und die Meinung der einschlägigen Fachkreise zu verschaffen und danach festzustellen, ob ein durch wissenschaftliche Studien hinreichend untermauerter Konsens über die Qualität und Wirksamkeit der in Rede stehenden Leistung besteht.[2]

In § 92 Abs. 1 Satz 2 SGB V zählt der Gesetzgeber einige Bereiche auf, in denen der Gemeinsame Bundesausschuss Richtlinien „insbesondere" erlassen soll. Die Aufzählung in § 92 Abs. 1 Satz 2 SGB V ist folglich nicht abschließend. Ein Blick in den Katalog (ärztliche Behandlung, Maßnahmen zur Früherkennung von Krankheiten, Einführung neuer Untersuchungs- und Behandlungsmethoden, Verordnung von Arznei-, Verband-, Heil- und Hilfsmitteln) verdeutlicht die „Macht" des Gemeinsamen Bundesausschusses, der mittels seiner Richtlinienkompetenz die Ausübung sämtlicher Gesundheitsberufe wesentlich determiniert.

---

[2] Vgl. BSG, NZS 2004, 99.

2. Rechtliche Einordnung der Richtlinien

Das Bundessozialgericht hat zu der rechtlichen Einordnung der Richtlinien zahlreiche Entscheidungen getroffen: Vor In-Kraft-Treten des SGB V am 1. Januar 1989 war das Bundessozialgericht noch der Ansicht, dass den Richtlinien des Bundesausschusses lediglich die Rechtsqualität von Verwaltungsbinnenrecht zukomme.[3] Diese Einschätzung galt nach der Einführung des SGB V als überholt. Das BSG entschied erstmals in der sog. Methadon-Entscheidung, dass den Richtlinien des Bundesausschusses grundsätzlich normative Wirkung zukomme.[4] Diese Rechtsprechung gilt inzwischen als gefestigt. Damit wurde dem Gemeinsamen Bundesausschuss Normsetzungsbefugnis gegenüber Dritten (nämlich den Versicherten) verliehen, die an den Entscheidungen des Gemeinsamen Bundesausschusses nicht mitwirken. Durch die Folgerechtsprechung wurde diese Grundentscheidung fortgeführt. Das BSG entschied, dass die Versicherten keinen Anspruch auf eine neue Untersuchungs- und Behandlungsmethode haben, bis sie vom Bundesausschuss ausdrücklich anerkannt ist. Damit dürfen nur diejenigen neuen Methoden in der gesetzlichen Krankenversicherung vom Arzt angewandt und vom Versicherten beansprucht werden, die der Gemeinsame Bundesausschuss ausdrücklich anerkannt hat. Festzuhalten ist, dass die Richtlinien unmittelbare Außenwirkung besitzen. Zu untersuchen bleibt, welcher *Rechtscharakter* den Richtlinien innewohnt.

Inzwischen dürfte unstreitig sein, dass neben Rechtsverordnung und Satzung weitere Formen von Rechtssätzen mit Außenwirkung existieren.[5] So hat das Bundesverfassungsgericht entschieden, dass das Grundgesetz der vollziehenden Gewalt keinen abschließenden Katalog bestimmter Handlungsformen zur Verfügung gestellt hat.[6] Das Bundessozialgericht stufte die Richtlinien des Gemeinsamen Bundesausschusses teils als Satzungen, teils als untergesetzliche, „krankenversicherungsrechtliche" Normen ein.[7] Immer aber wurde die Ermächtigungsgrundlage für den Erlass der Richtlinien an den rechtsstaatlichen Grundsätzen gemessen, die in Art. 80 GG ihren Ausdruck

---

[3] Vgl. BSGE 35,10.
[4] Vgl. BSGE 78, 70.
[5] Anders noch Ossenbühl, in: Schnapp (Hrsg.), Probleme der Rechtsquellen im Sozialversicherungsrecht, Teil I, 1998, S. 65, S. 79f.; vgl. gegen numerus clausus auch Butzer/Kaltenborn, Die demokratische Legitimation des Bundesausschusses der Ärzte und Krankenkassen, MedR 2001, 333.
[6] Vgl. BVerfGE 100, 249.
[7] Vgl. BSGE 78, 70 (Satzung); BSG, SozR. 3-2500 § 92 Nr. 7, S. 47 (krankenversicherungsrechtliche Norm).

gefunden haben. Dieser Maßstab soll ausgleichen, dass die durch Wahl von Repräsentanten vermittelte quasi-demokratische Legitimation der Entscheidungsträger, wie etwa bei einer Gemeinderatswahl, bei dem Gemeinsamen Bundesausschuss fehlt.[8] Aus dem gleichen Grunde ist auch eine ausreichende Einwirkungs- und Überwachungsmöglichkeit der dem demokratischen Gesetzgeber verantwortlichen staatlichen Exekutive erforderlich.[9] Auch an dieser Einschätzung bestehen keine Zweifel.[10] Zusammenfassend lässt sich also konstatieren: Richtlinien sind Rechtsnormen mit Außenwirkung, deren Ermächtigungsgrundlage grundsätzlich den Anforderungen des Art. 80 GG genügen und durch staatliche Stellen kontrollierbar sein müssen.

3. Verfassungsrechtliche Legitimation der Richtlinien

Die entscheidende Fragestellung ist, ob die Richtlinien des gemeinsamen Bundesausschusses bzw. deren Ermächtigung den eben aufgestellten Anforderungen tatsächlich standhalten. Vorausgeschickt sei, dass das Bundessozialgericht die Richtlinien des Gemeinsamen Bundesausschusses und seines Vorgängers, des Bundesausschusses der Ärzte und Krankenkassen, in einigen Entscheidungen für verfassungsgemäß gehalten hat.[11] Um das Ergebnis gleich vorwegzunehmen:

Diese Auffassung teile ich nicht. Vielmehr bin ich der Ansicht, dass § 92 Absatz 1 SGB V einerseits nach Inhalt, Zweck und Ausmaß nicht ausreichend bestimmt ist, demnach die durch Art. 80 Abs. 1 GG vorgegebenen Anforderungen gerade nicht erfüllt werden (A). Anderseits fehlt es an einer effektiven Kontroll- und Einwirkungsmöglichkeit einer staatlichen Stelle (B).

Durch Art. 80 Abs. 1 S. 2 GG wird sichergestellt, dass der exekutive Verordnungsgeber nicht nur formal, sondern auch inhaltlich an den Willen des Gesetzgebers gebunden ist. Dies geschieht durch das Gebot an den Gesetzgeber, Inhalt, Zweck und Ausmaß der Ermächtigung im Gesetz festzulegen. Der Gesetzgeber hat also selbst die Entscheidungen

---

[8] Vgl. BVerfGE 37, 1; BSGE 78, 70.
[9] Vgl. BVerfGE aaO., BSGE aaO.
[10] Vgl. Sodan, Die institutionelle und funktionelle Legitimation des Bundesausschusses der Ärzte und Krankenkassen, NZS 2000, S. 581; Schwerdtfeger, Die Leistungsansprüche der Versicherten im Rechtskonkretisierungskonzept des SGB V (Teil 1), NZS 1998, 49; Schrinner, Normsetzung durch den Gemeinsamen Bundesausschuss aus Sicht der Krankenkassen, MedR 2005, 397.
[11] Vgl. BSGE 78, 70; 82, 41.

zu treffen, welche Fragen durch die Verordnung geregelt werden sollen (Inhalt), er muss die Grenzen einer solchen Regelung festsetzen (Ausmaß) und angeben, welchen Ziel die Regelung dienen soll (Zweck).

a) Einen substantiierten Handlungsrahmen für den Gemeinsamen Bundesausschuss gibt das SGB V jedoch nicht vor. So bleibt § 92 Abs. 1 S. 1 mit den Formulierungen „Sicherung der ärztlichen Versorgung" und „Gewähr für eine ausreichende, zweckmäßige und wirtschaftliche Versorgung der Versicherten" völlig unbestimmt. Der Gemeinsame Bundesausschuss kann zudem „die Erbringung und Verordnung von Leistungen oder Maßnahmen einschränken oder ausschließen, wenn nach den allgemein anerkannten Stand der medizinischen Erkenntnisse der diagnostische oder therapeutische Nutzen, die medizinische Notwendigkeit oder die Wirtschaftlichkeit nicht nachgewiesen sind." Damit lässt der Gesetzgeber dem Gemeinsamen Bundesausschuss völlig freie Hand in der Frage, welche Ziele in der gesetzlichen Krankenversicherung anzustreben sind. Hinzu kommt die völlige Unbestimmtheit in der Regelungsbreite. Mit der Formulierung in § 92 Abs. 1 S. 2 SGB V „insbesondere" eröffnet der parlamentarische Gesetzgeber dem Gemeinsamen Bundesausschuss die Möglichkeit, Versorgungsbereiche nach eigenem Ermessen durch Richtlinien zu regeln. Zunächst ist also festzuhalten, dass die Tatbestandsseite der Ermächtigungsgrundlage in § 92 Abs. 1 Satz 1 SGB V fast ausschließlich unbestimmte Rechtsbegriffe verwendet.[12] Zwar ist die Verwendung von unbestimmten Rechtsbegriffen mit Rücksicht auf den Normzweck generell zulässig, es müssen aber die äußeren Grenzen des Interpretationsspielraumes durch den Gesetzgeber abgesteckt sein.[13] Durch die Aufzählung in § 92 Abs. 1 Satz 2 SGB V werden die Grenzen des Interpretationsspielraumes jedenfalls kaum konkretisiert. Es werden nur beispielhaft Bereiche aufgezählt, in denen Richtlinien beschlossen werden sollen. Diese Aufzählung verrät aber nicht, wo nun genau die Grenzen einer erforderlichen Versorgung liegen oder was zur Sicherung der ärztlichen Versorgung konkret erforderlich ist. Indem es der Gesetzgeber dem Gemeinsamen Bundesausschuss überlässt, die Zweckmäßigkeit der Versorgung der Versicherten selbst zu definieren, überlässt er einer demokratisch kaum legitimierten Organisation[14] die Entscheidung

---

[12] Vgl. hierzu auch Schimmelpfeng-Schütte, ZRP 2004, 253.
[13] Vgl. BVerfGE 6, 32; Mangoldt/Klein – Brenner, GG II, Art. 80 Rn. 34ff.
[14] Vgl. Schimmelpfeng-Schütte, aaO; zur Legitimation des Bundesausschusses der Ärzte und Krankenkassen auch Butzer/Kaltenborn (Fn. 6), MedR 2001, 333; Sodan (Fn.11), S. 581.

über Grundsatzfragen im Gesundheitswesen.[15] Und das, obwohl doch gerade der Mangel an demokratischer Legitimation durch das Anlagen des in Art. 80 Abs. 1 GG festgelegten Maßstabes überwunden werden sollte.

b) Nach § 94 Abs. 1 SGB V sind die Richtlinien dem Bundesministerium für Gesundheit und Soziale Sicherheit vorzulegen und können von ihm binnen zwei Monaten beanstandet werden.

Dem Bundessozialgericht reicht dieses Recht zur Beanstandung der Richtlinien innerhalb der ersten zwei Monate als Einwirkungs- und Überwachungsmöglichkeit der Exekutive aus.[16] Hier muss ein Irrtum vorliegen: Da der Gemeinsame Bundesausschuss lediglich eine Einrichtung der mittelbaren Staatsverwaltung ist, unterliegen seine Handlungen grundsätzlich nur der Rechtsaufsicht durch das BMGS. Die Fachaufsicht hätte gesetzlich ausdrücklich eingeführt werden müssen.[17] Dies ist nicht geschehen. Damit sind die Kontroll- und Einflussmöglichkeiten gegenüber dem Gemeinsamen Bundesausschuss im Vergleich zur bundesunmittelbaren Verwaltung erheblich vermindert.[18]

So kommt es also zu der seltsamen Situation, dass eine demokratisch kaum legitimierte Organisationen durch staatliche Stellen nur sehr unzureichend überwacht wird[19], obwohl ihre Befugnisse zur Rechtsetzung im Bereich des Gesundheitswesens ganz erheblich sind. Oder wie ich es in der Literatur gefunden habe: „Es handelt sich um Regelungswerke eigentümlich übergeordneter Institutionen".

In diesem Zusammenhang ist auch darauf hinzuweisen, dass die in einem ordnungsgemäßen Verfahren getroffenen Entscheidungen des Bundesausschusses keiner inhaltlichen Überprüfung durch Gerichte mehr unterliegen.[20] Als Grund hierfür gibt das BSG in seinem Urteil vom 16. September 1997 an, dass die eigenständige Beurteilung von Qualität und Wirksamkeit einer Methode und der Vergleich mit einer anerkannten Methode die Gerichte "medizinisch-wissenschaftlich überfordern"

---

[15] Vgl. Schimmelpfeng-Schütte, aaO.
[16] Vgl. BSGE 78, 70.
[17] Vgl. Butzer/Kaltenborn (Fn. 6), MedR 2001, 333.
[18] Vgl. Hase, Verfassungsrechtliche Bewertung der Normsetzung durch den Gemeinsamen Bundesausschuss, MedR 2005, S. 391.
[19] Vgl. Schimmelpfeng-Schütte, aaO.
[20] Vgl. BSGE 86, 54; BSG NZS 2004, 99.

würde.[21] Eine reichlich merkwürdige Entscheidung wenn man bedenkt, vor welchen Schwierigkeiten die Spruchkörper ansonsten im Bereich tatsächlicher Fragestellungen gegenüberstehen. Erinnert sei nur an das Urteil des KG Berlin zur Vergleichbarkeit niederländischer und deutscher Standards bei der Sicherheit der Arzneimittelabgabe im Wege des Versandhandels.[22] Abgesehen davon wird ja wohl dort, wo die richterliche Weisheit an ihre Grenzen stößt, ein Sachverständigengutachten weiterhelfen.

Einen Sonderfall im Zusammenhang mit dem Grundsatz der Unüberprüfbarkeit, der durch den Gemeinsamen Bundesausschusses zu behandelnden Fragen durch Gerichte besteht, gibt es in den Fällen, in denen der Gemeinsame Bundesausschuss zu einer Behandlungsmethode noch keine Empfehlung gemäß § 135 Absatz 1 SGB V abgegeben hat, weil kein dahingehender Antrag gestellt wurde oder weil die Entscheidung über den Antrag noch aussteht. In diesen Fällen bedarf es auch nach Ansicht des BSG der Prüfung, ob die fehlende Anerkennung des Therapieverfahrens auf einem Mangel des gesetzlichen Leistungssystems beruht (sog. Systemversagen). Er kann darin bestehen, dass das im Gesetz für neue Untersuchungs- und Behandlungsmethoden vorgesehene Anerkennungsverfahren trotz Anhaltspunkten für eine therapeutische Zweckmäßigkeit der in Rede stehenden Behandlung nicht oder nicht rechtzeitig durchgeführt wird. Ergibt sich ein solcher Mangel, so kann in diesen Fällen ein Anspruch aus § 13 Abs. 3 SGB V auf Erstattung der Kosten für die selbstbeschaffte Leistung in Betracht kommen.[23] Merkwürdig genug, dass in diesem Zusammenhang eine „medizinisch-wissenschaftliche" Überforderung der Gerichte nicht befürchtet wird. Hat der Bundesausschuss jedoch in einem ordnungsgemäßen Verfahren eine Entscheidung getroffen, bleibt es zunächst dabei, dass diese Entscheidung einer inhaltlichen Überprüfung durch die Gerichte nicht mehr zugänglich ist.[24]

---

[21] Vgl. BSGE aaO.
[22] Urteil vom 09.11.2004, Az.: 5 U 300/01.
[23] Vgl. BSGE 81, 54.
[24] Vgl. BSG NZS 2004, 99.

4. Deutsches Kartellrecht

Es wurde lange Zeit kaum bestritten, dass Krankenkassen bei Nachfrage von Leistungen auf dem Gesundheitsmarkt, sprich dem Einkauf von Leistungen bei Leistungserbringern, an das deutsche Wettbewerbs- und Kartellrecht gebunden waren. Dementsprechend hatten Richtlinien des Bundesausschusses (damals noch des Bundesausschusses der Ärzte und Krankenkassen) eine kartellrechtliche Relevanz. Nach dem zum 1. Januar 2000 neu gefassten § 69 SGB V sollen nunmehr alle Rechtsbeziehungen der Krankenkassen und ihre Verbände zu den Leistungserbringern und ihren Verbänden, einschließlich der Beschlüsse der Ausschüsse nach den §§ 90 bis 94 SGB V durch das vierte Kapitel des SGB V abschließend geregelt sein. Nach dem Willen des Gesetzgebers seien die Krankenkassen keine Unternehmen im Sinne des Privatrechts, einschließlich des Wettbewerbs- und Kartellrechts.[25]

Kingreen merkt hier zu Recht erstaunt an: „Im gleichen Gesundheitsreformgesetz 2000, in dem der Gesetzgeber die integrierte Versorgung und damit einen begrenzten Wettbewerb im Leistungserbringungsrecht installiert, schließt er die Anwendung des Wettbewerbs- und Kartellrechts aus."[26] Im Rahmen der jüngsten Gesundheitsreform 2004 sind die Wettbewerbselemente noch verstärkt worden. Das Erstaunen über eine Herausnahme der Ausschussbeschlüsse, sprich der Richtlinien, aus dem Anwendungsbereich des Kartell- und Wettbewerbsrechts, wächst also. Zumal es sich eigentlich um „klassische" kartellrechtsrelevante Absprachen handelt.

Das Bundessozialgericht beruft sich bei seiner Auslegung des § 69 SGB V auf den Willen des Gesetzgebers.[27] (Inwiefern diese Auslegungsmethode zweifelhaft ist, muss leider an anderer Stelle diskutiert werden.) Die Neuregelung diene nach Ansicht des BSG der Beseitigung einer unklaren Rechtslage, und zwar in prozessualer und materieller Hinsicht gleichermaßen. Der Sinn des § 69 Absatz 1 SGB V liege darin, dass in diesem Bereich eben nur öffentliches Recht anwendbar sei. Wegen dieser Einbindung der Rechtsbeziehungen der Krankenkassen und ihre Verbände zu den Leistungserbringern in den öffentlich-rechtlichen Versorgungsauftrag seien die in Satz 1 genannten Rechtsbeziehungen allein sozialversicherungsrechtlicher und nicht privatrechtlicher Natur. Seit dem 1. Januar 2000 müssten alle Handlungen der Krankenkassen und ihrer Verbände, die ihre Beziehung zu den Leistungserbringern sowie zu

---

[25] Vgl. BT-Drucks. 14/1245, S. 67f.
[26] Vgl. Kingreen, Wettbewerb und Wettbewerbsrecht im Gesundheitswesen, ZMGR 2005, S. 163.
[27] Vgl. BSGE 89, 24; BSG, GesR 2005, 409.

hiervon berührten Dritten betreffen, ausschließlich nach öffentlichem Recht beurteilt werden. Zivilrechtliche Vorschriften seien nicht mehr maßgebend für die Rechtsbeziehungen, sondern könnten nur noch lückenfüllend und ergänzend herangezogen werden.[28] Die Frage, ob die Richtlinien des gemeinsamen Bundesausschusses gegen deutsches Kartellrecht verstoßen, stellt sich nach der Neufassung des § 69 SGB V und der dazu ergangen höchstrichterlichen Rechtssprechung folglich nicht mehr.

5. Europäisches Wettbewerbsrecht

Die Anwendbarkeit des Europäischen Wettbewerbsrechts auf das deutsche Gesundheitssystem kann der deutsche Gesetzgeber nicht ausschließen. Sie knüpft an die zentrale Frage an, ob der Gemeinsame Bundesausschuss unter den gemeinschaftsrechtlichen Unternehmensbegriff zu subsumieren ist und seine Entscheidungen, also die Richtlinien, demnach als Beschlüsse von Unternehmensvereinigungen i. S. d. Art. 81 EGV einzuordnen sind. Nach ständiger Rechtsprechung liegt bei jeder eine wirtschaftliche Tätigkeit ausübenden Einheit, unabhängig von ihrer Rechtsform und der Art ihrer Finanzierung, Unternehmenseigenschaft vor. Da die Einordnung also tätigkeitsbezogen erfolgt, spricht man vom funktionalen Unternehmensbegriff. Die Unternehmenseigenschaft ist somit relativ, sie bezieht sich nicht auf die Organisation der betroffenen Einheit, sondern nur auf die im konkreten Fall ausgeübte Tätigkeit. Deshalb ist es grundsätzlich möglich, dass einem Rechtsträger für eine bestimmte Tätigkeit Unternehmenscharakter zugesprochen wird, für eine andere dagegen nicht.

Der EuGH hat in seinem Festbetragsurteil die Einordnung der Kostenträger der deutschen gesetzlichen Krankenversicherung, also der Krankenkassen, als Unternehmen und damit die Anwendbarkeit des EG-Wettbewerbsrechts abgelehnt. Ich stelle die These auf, dass bei konsequenter Anwendung des funktionalen Unternehmensbegriffes durch dieses Urteil keine Klarheit über die Auslegung des Unternehmensbegriffs im Sozialversicherungsrecht erreicht werden konnte:

Speziell im Bereich der rechtlichen Qualifizierung von Sozialversicherungsträgern entwickelte der EuGH bereits in früheren Entscheidungen besondere Kriterien zur Subsumtion unter den gemeinschaftsrechtlichen

---

[28] Vgl. BSG, GesR aaO.

Unternehmensbegriff. So geht der EuGH nicht erst seit dem Festbetragsurteil davon aus, dass Sozialversicherungsträger, die mit ihrer Tätigkeit ohne Gewinnerzielungsabsicht einen rein sozialen Zweck verfolgen und die ihre Leistungen von Gesetzes wegen unabhängig von der Höhe der Beiträge erbringen, keine wirtschaftliche Tätigkeit ausüben. Den Träger eines französischen Pflichtversicherungssystems - das entsprechend dem Grundsatz der Solidarität auf einem System der Umlagefinanzierung aufbaute und bei der Leistungserbringung strikt an gesetzliche Vorschriften gebunden war - qualifizierte der Gerichtshof in der grundlegenden Entscheidung Poucet-Pistre nicht als Unternehmen einzuordnen. Dagegen bejahte der EuGH die Unternehmenseigenschaft von Sozialversicherungsträgern, die zwar auch ohne Gewinnerzielungsabsicht soziale Zwecke verfolgten und deren Mitgliedschaft teilweise auch gesetzlich vorgeschrieben war, die aber ihre Beiträge selbst bestimmten und nach dem Kapitalisierungsprinzip arbeiteten. Zu beachten ist, dass es in den genannten Entscheidungen des EuGH stets um die Beziehungen zwischen den Versicherungen und ihren Mitgliedern und um die Beurteilung der von den Versicherungsträgern angebotenen Dienstleistungen ging. Nicht betroffen war die Rolle der Versicherungen als Nachfrager auf dem Markt für Gesundheitsleistungen. Gerade in dieser Nachfragerfunktion können Krankenversicherungsträger jedoch einen erheblichen Einfluss auf den Märkten für medizinische Güter ausüben. Diesen Einfluss üben sie ohne weiteres auch im Gemeinsamen Bundesausschuss aus, wenn in dessen Richtlinien die Tätigkeit sämtlicher Berufe des Gesundheitswesens maßgeblich determiniert und auf Tätigkeiten im Rahmen der Richtlinien beschränkt wird. Ohne eine entsprechende Richtlinie können Produkte und Dienstleistungen auf dem Markt nicht abgesetzt werden.

Es stellt sich daher die Frage, unter welchen Voraussetzungen sich Krankenversicherungsträger an den Vorgaben der Art. 81 ff. EGV messen lassen müssen, wenn sie als Nachfrager nach medizinischen Gütern und Dienstleistungen oder Arzneimitteln fungieren. Infolge der genannten bisherigen EuGH-Rechtsprechung kam unter Berücksichtigung des funktionalen Unternehmensbegriffes in diesem Zusammenhang die Frage auf, ob die Tätigkeiten von Sozialversicherungsträgern in einer Gesamtbetrachtung einheitlich zu beurteilen sind oder ob eine gesonderte Beurteilung der einzelnen Handlungen erfolgen muss. Insbesondere war ungeklärt, ob als wirtschaftliche Tätigkeit allein das Anbieten von Gütern und Dienstleistungen auf einem Markt in Betracht kommt oder ob losgelöst hiervon auch eine nachfragende Tätigkeit die Unternehmenseigenschaft begründen kann. Diese Frage war Gegenstand des Urteils des EuG im März 2003 in der Rechtssache FENIN. Das Gericht entschied, dass bei der Beurteilung der Art der Tätigkeit der Kauf eines Erzeugnisses nicht von dessen späterer Verwendung durch den Käufer zu trennen ist, so dass der wirtschaftliche oder nicht wirtschaftliche Charakter der späteren Verwendung des erworbenen Erzeugnisses zwangsläufig den Charakter der Einkaufstätigkeit bestimmt. In Bezug auf die Unternehmenseigenschaft von Sozialversicherungsträgern bedeutet dies, dass nach Ansicht das EuG allein der wirtschaftliche Charakter der angebotenen Versicherungsdienstleistung ausschlaggebend ist. Wenn Krankenversicherungen nach den Kriterien der Poucet-Pistre-Entscheidung mit ihren Leistungen ein rein soziale Aufgabe erfüllen, so handeln sie nach Maßgabe der vom EuG vorgenommenen Gesamtbetrachtung auch dann nicht als Unternehmen, wenn sie auf dem Markt als Nachfrager auftreten. Die im Rahmen der Nachfragetätigkeit vorhandenen Steuerungsmöglichkeiten der Krankenkassen bleiben danach außerhalb der Reichweite der EG-Kartellregeln.

Obwohl mit der Festbetragsfestsetzung eine Tätigkeit der Krankenkassen in ihrer Funktion als Nachfrager nach Arzneimitteln betroffen war, nahm der Gerichtshof die Kriterien der Poucet-Pistre-Entscheidung zum Ausgangspunkt seiner Beurteilung und stellte zunächst allgemein auf die im System der GKV angebotenen Leistungen ab. Auf dieser Grundlage definierte er die Tätigkeit der Krankenkassen im Rahmen den GKV-Versorgung als Wahrnehmung einer rein sozialen Aufgabe, die auf dem Grundsatz der Solidarität beruht und ohne Gewinnerzielungsabsicht ausgeübt wird. Weil die Krankenkassen im Wesentlichen gesetzlich vorgeschriebene Leistungen erbringen (nämlich solche, die der Gemeinsame Bundesausschuss – und damit im Ergebnis die Krankenkassen selbst – festlegt [en]), stünden sie (bei der Arzneimittelversorgung) weder untereinander noch mit privaten Einrichtungen im Wettbewerb. Da demnach die Haupttätigkeit der Krankenkassen nach Einschätzung des EuGH keine wirtschaftliche ist, lehnt der EuGH die Unternehmenseigenschaft der Krankenkassen ab. Damit ist er jedoch mit seiner Beurteilung noch nicht am Ende – dies verstieße auch gegen die Prüfungssystematik zum funktionalen Unternehmensbegriff. Er lässt folglich in seiner Entscheidung die Prüfung folgen, ob die Krankenkassen möglicherweise außerhalb ihrer Aufgaben rein sozialer Art auch Geschäftstätigkeiten ausüben, die keinen sozialen, sondern einen wirtschaftlichen Zweck haben. Diese Formulierung des EuGH ist insofern missverständlich, als der soziale Zweck einer Tätigkeit für sich genommen einer Qualifizierung als wirtschaftliche Tätigkeit nicht entgegensteht. Gemeint ist vielmehr, dass jeder Tätigkeitsbereich einer Krankenkasse gesondert daraufhin zu untersuchen ist, ob eine von der Kasse individuell gestaltete, wirtschaftliche Tätigkeit vorliegt. Er kommt – ohne auf die Rechtsprechung im FENIN-Urteil einzugehen, zu dem Ergebnis, dass Krankenkassen bei der Festbetragsfestsetzung nur eine gesetzliche Pflicht erfüllen und dabei die im

SGB V vorgegebenen Kriterien beachten müssen. Der Spielraum der Krankenkassen hinsichtlich der konkreten Höhe der Festbeträge berühre dabei einen Bereich, in dem die Kassen nicht miteinander konkurrieren, da die Arzneimittelkosten von allen Krankenkassen zu gleichen Bedingungen getragen werden müssen. Deshalb lasse sich die Festbetragsfestsetzung nicht von der rein sozialen Hauptaufgabe trennen, so dass die Kassenverbände bei der Festbetragsfestsetzung nicht als Unternehmen handeln.

Nach dem EuGH hängt das Vorliegen einer wirtschaftlichen und damit einer unternehmerischen Tätigkeit maßgeblich davon ab, dass die Bedingungen und Preise der in Frage stehenden angebotenen Leistungen von den einzelnen handelnden Krankenkassen jeweils selbst bestimmt werden, so dass zwischen ihnen ein Wettbewerb möglich ist. Werden die Leistungsbedingungen durch gesetzliche Vorgaben in der Weise determiniert, dass eine kassenindividuelle Vorgehensweise ausgeschlossen ist, so liegt laut EuGH keine wirtschaftliche Tätigkeit vor. Es ist fraglich, ob die Erkenntnisse des EuGH aus dem Festbetragsurteil ohne weiteres auf die Frage der Einordnung der Krankenkassen als Unternehmen bei ihrer (sonstigen) Tätigkeit im Rahmen des Gemeinsamen Bundesausschusses übertragbar sind und somit a priori die Richtlinienfestsetzung des Ausschusses einer Anwendbarkeit des EG-Kartellrechts entziehen. Vielmehr könnte es sich um Absprachen eines dem EG-Kartellrecht unterworfenen Unternehmenszusammenschlusses handeln.

Dies muss schon vor dem Hintergrund einer konsequenten Anwendung der Rechtsprechung zum funktionalen Unternehmensbegriff gelten. Der EuGH hat letztlich die Unternehmenseigenschaft vor dem Hintergrund der gesetzlich bestimmten Pflicht zur Festbetragsfestsetzung verneint. Anders als die übrigen Richtlinienbeschlüsse des Gemeinsamen Bundesausschusses folgt diese gesetzliche Verpflichtung nicht aus dem allgemeinen und unbestimmten Ermächtigungskatalog des § 92 Abs. 1 SGB V, sondern der expliziten Vorschrift des § 35 SGB V.

Beachtenswert ist auch, dass die Entscheidung des EuGH hinsichtlich der Beurteilung der Unternehmenseigenschaft von den Schlussanträgen des GA Jacobs abweicht. Dieser hatte für die Einordnung der Krankenkassen als Unternehmen plädiert, da die Krankenkassen in bestimmten Grenzen in der Lage seien, insbesondere hinsichtlich des Beitragssatzes miteinander zu konkurrieren. Aber nicht nur in Bezug auf den Beitragssatz lassen sich wettbewerbsrelevante Verhaltensweisen der Krankenkassen ausmachen. Bereits mit In-Kraft-Treten des Beitragssatzsicherungsgesetzes 2003 wurde so Krankenkassen beispielsweise die Möglichkeit eingeräumt, mit pharmazeutischen Herstellern zusätzliche Rabatte gemäß § 130a Abs. 8 SGB V (ausschließlich!) kassenindividuell zu vereinbaren und damit eine Kostensenkung im Arzneimittelbereich zu erzielen, die direkt auf den Beitragssatz umgelegt werden kann. Die Anfang 2004 in Kraft getretene Gesundheitsreform hat darüber hinaus weitere Möglichkeiten einer wettbewerbsrechtlichen Öffnung geschaffen, indem die vertraglichen Freiräume der einzelnen Krankenkassen im Verhältnis zu dem Leistungserbringern vergrößert wurden. Dadurch erhalten die einzelnen Kassen die Möglichkeit, ihr Leistungsspektrum sowie die Bedingungen und Preise der Leistungserbringung selbst zu bestimmen und untereinander in Wettbewerb zu treten. Dies betrifft v. a. den Bereich der Verträge zu besonderen Versorgungsformen. Dort suchen sich Krankenkassen leistungsstarke Partner, gerade um einen Wettbewerbsvorteil gegenüber anderen Krankenkassen zu erhalten. Es ist sicherlich richtig, dass der Wettbewerb der Kassen untereinander „verdünnt" ist. Dennoch ist auch ein regulierter Wettbewerb ein Wettbewerb und Bedarf des Schutzes durch das Wettbewerbsrecht. Dies wird zukünftig voraussichtlich auch der EuGH bedenken, wenn er nicht, wie im Falle des Festbetragsurteils, auf die Beurteilung einer konkreten Tätigkeit beschränkt bleibt.

Rabattverträge und besondere Versorgungsmodelle sind nicht Gegenstand der nach § 92 Abs. 1 SGB V zu erlassenden Richtlinien des Gemeinsamen Bundesausschusses. Es ist jedoch äußerst fragwürdig, dass Kassenvertreter, die am Vormittag mit einem pharmazeutischen Hersteller über Rabatte verhandeln und mit Apotheken besondere Leistungen für ihre Versicherten vereinbaren, sich in einem wettbewerbsfreien Raum am Nachmittag zusammenfinden, um sich ihrer „ausschließlich sozialen" Beschäftigung zu widmen.

Meines Erachtens sind Krankenkassen bereits auf der ersten Prüfungsebene, nämlich bei der Einstufung ihrer Haupttätigkeit als Unternehmen i. S. d. EG-Kartellrechts einzuordnen. Dies gilt jedenfalls dann, wenn die wettbewerblichen Elemente der Leistungserbringung von den Krankenkassen weiter so vehement wie bisher in Anspruch genommen werden. Die Richtlinienverabschiedungen des Gemeinsamen Bundesausschusses können im Einzelfall auch bei einer Verneinung der unternehmerischen Haupttätigkeit der Kassen unter Heranziehung des funktionalen Unternehmensbegriffes als wirtschaftliche Handlungen angesehen werden. Mit der Unbestimmtheit der Ermächtigungsgrundlage geht nämlich auch (jedenfalls ist das für den konkreten Einzelfall zu überprüfen) ein weiter Verhandlungsspielraum der Kassen einher. Dies muss selbst dann gelten, wenn die Kassen zwar untereinander einheitlich und außerhalb des Wettbewerbs handeln. Durch die normative Wirkung der Richtlinien sind diese auch für Dritte verbindlich. So ist z. B. ein Biotech-

Unternehmen ohne wettbewerbsrechtlichen Schutz, wenn der Gemeinsame Bundesausschuss die Einführung einer neuen Untersuchungs- und Behandlungsmethode gemäß § 92 Abs. 1 Nr. 5 SGB V ablehnt. Dies gilt für alle Leistungserbringer, deren eigene – zweifellos unternehmerische Tätigkeit – durch die Richtlinien des Gemeinsamen Bundesausschusses umfassend determiniert wird. Schon das Rechtsstaatsprinzip gebietet hier, dass der Einzelne nicht völlig schutzlos gestellt wird, gegenüber einer – wie dargelegt – ausgesprochen zweifelhaft demokratisch legitimierten Institution.

Es ist zudem zu bedenken, dass die Kassenärztliche Vereinigungen und die Deutsche Krankenhausgesellschaft ihrerseits als wirtschaftliche Berufsverbände vom EuGH sicher unkritischer als Unternehmenszusammenschlüsse eingeordnet werden könnten. Sie beschließen zwar innerhalb des Gemeinsamen Bundesausschusses nicht ohne die Verbände der Krankenkassen, doch muss hinterfragt werden, ob die Einordnung der Krankenkassen als Nichtunternehmen in einer solchen Konstellation wirklich sachgerecht ist.

Der EuGH hatte sich in seinem Festbetragsurteil auch lediglich mit dem Vorwurf eines Verstoßes der Spitzenverbände der Krankenkassen gegen Art. 81 bzw. 82 EGV zu befassen. Er ist nicht der Frage nachgegangen, inwieweit die Bundesrepublik Deutschland in diesem Zusammenhang gegen primäres Gemeinschaftsrecht verstoßen haben könnte. In Betracht kommt hier nämlich ein Verstoß gegen Art. 86 Abs. 1 EGV in Verbindung mit Art. 81f. EGV.

Die Mitgliedstaaten dürfen nach Art. 86 Abs. 1 EGV in Bezug auf öffentliche Unternehmen keine dem EG-Vertrag widersprechenden Maßnahmen treffen. Der EuGH hat entschieden, dass den Krankenkassen bei der Festbetragsfestsetzung keine Unternehmenseigenschaft zukomme, da die Festsetzung der Festbeträge weitgehend gesetzlich determiniert wird. Ihm kam es vor allem auf den fehlenden unternehmerischen Spielraum an.[29]

Wäre der Unternehmensbegriff des Art. 81f. EGV mit dem des Art. 86 Abs. 1 EGV identisch, fehlte bei der Beurteilung eines mitgliedstaatlichen Verstoßes gegen die wettbewerbsrechtlichen Vorgaben des Gemeinschaftsrechts der erforderliche Bezugspunkt der staatlichen Maßnahme in Gestalt eines öffentlichen Unternehmens. Eine solche identische

---

[29] Vgl. zu dem Urteil auch Koenig/Engelmann, Das Festbetrags-Urteil des EuGH: Endlich Klarheit über den gemeinschaftsrechtlichen Unternehmensbegriff im Bereich der Sozialversicherung?, EuZW 2004, 682.

Auslegung des Merkmals „Unternehmen" im Rahmen der verschiedenen Vorschriften würde jedoch den unterschiedlichen Funktionen von Art. 81f. EGV einerseits und Art. 86 Abs. 1 EGV andererseits nicht gerecht.[30]

Während Art. 81 und Art. 82 EGV Wettbewerbsbeschränkungen durch Unternehmen sanktionieren, sollen durch Art. 86 Abs. 1 EGV gerade Eingriffe in den Wettbewerb verhindert werden, die der Staat mittelbar durch von ihm beeinflussbare, wirtschaftlich handelnde Einheiten bewirkt.[31] Gerade die Fälle, in denen ein Mitgliedstaat den Wettbewerb beschränkt, indem er grundsätzlich wirtschaftliches Handeln so weit determiniert, dass es nicht mehr als unternehmerisches Handeln der betroffenen Einheit aufgefasst werden kann, sollen von Art. 86 Abs. 1 EGV erfasst werden. Deshalb kann es für das Eingreifen des Art. 86 Abs. 1 EGV nicht darauf ankommen, dass das konkret betroffene wettbewerbsbeeinflussende Verhalten einer wirtschaftlich tätigen Einheit auf einer eigenständigen unternehmerischen Initiative beruht.[32] Insoweit muss der Schutz der effektiven Wirksamkeit der Wettbewerbsregeln (effet utile) im Vordergrund stehen.[33] Der EuGH führt in der Rechtssache Bodson aus: „Soweit die Gemeinden ihren Konzessionären ein bestimmtes Preisniveau aufgezwungen haben sollten, würden sie den Tatbestand von Art. 90 Abs. 1 EGV (Art. 86 Abs. 1 EGV) erfüllen."[34] Es sei den Trägern öffentlicher Gewalt verboten, die Anwendung unangemessener Preise durch die konzessionierten Unternehmen dadurch zu fördern, dass sie derartige Preise als Bedingung eines Konzessionsvertrages erzwingen. Ohne die Frage zu problematisieren geht der EuGH von der Anwendbarkeit des Art. 86 Abs. 1 EGV aus, obwohl die konzessionierten Unternehmen in Bezug auf die Preisgestaltung keine autonome Entscheidung mehr treffen konnten. Der Unternehmensbegriff des Art. 86 Abs. 1 EGV ist daher dahingehend zu modifizieren, dass die konkret von der staatlichen Maßnahme betroffene Tätigkeit nicht unternehmerisch initiiert und motiviert sein muss. Im Rahmen des Art. 86 Abs. 1 EGV stellt sich daher unter veränderten Vorzeichen erneut die Frage, ob die Krankenkassen als Unternehmen zu qualifizieren sind.

---

[30] Vgl. Schwarze, Der Staat als Adressat des europäischen Wettbewerbsrechts, EuZW 2000, 613; Engelmann, Kostendämpfung im Gesundheitswesen und EG-Wettbewerbsrecht, Diss. 2002, S. 166f.; Bach, Wettbewerbsrechtliche Schranken für staatliche Maßnahmen nach europäischen Gemeinschaftsrecht, 1992, S. 24; Heinemann, Grenzen staatlicher Monopole im EG-Vertrag, Diss. 1996, S. 72.
[31] Vgl. Engelmann aaO; Schwarze aaO.
[32] Vgl. Engelmann aaO.
[33] Vgl. Schwarze aaO.
[34] EuGH Slg, 1988, 2479 (2516), Rn. 33.

Wie bereits erwähnt, hob der EuGH besonders hervor, dass die Krankenkassen gesetzlich verpflichtet seien, ihren Mitgliedern im Wesentlichen gleiche Pflichtleistungen anzubieten. Ob die anderen vom EuGH angeführten Gründe ausreichen würden, die Unternehmenseigenschaft der Krankenkassen abzulehnen, erscheint zweifelhaft, da der Gerichtshof bei der rechtlichen Qualifizierung von Sozialversicherungsträgern stets entscheidend auf den Spielraum der Einrichtung abstellt.

So hat der EuGH auch in der Entscheidung Albany[35] geurteilt. Das Verfahren betraf einen Zusatzrentenfonds, der auf einem Pflichtmitgliedschaftssystem beruhte und für die Festlegung der Beitragshöhe und des Leistungsumfanges einen Solidaritätsmechanismus anwendete. Der Gerichtshof hob hervor, dass der Fonds die Höhe der Beiträge und der Leistungen selbst bestimmte. Aus diesem Grund ist der EuGH zu dem Schluss gelangt, dass ein solcher Fonds eine wirtschaftliche Tätigkeit im Wettbewerb mit den Versicherungsunternehmen ausübte.

Wenn aber die Unternehmenseigenschaft einer Krankenkasse maßgeblich von dem durch den Gesetzgeber zugestandenen Gestaltungsspielraum der Krankenkasse abhängt, der auf Grund der Zielrichtung des Art. 86 Abs. 1 EGV gerade keine Rolle spielen kann, so kann eine Krankenkasse als Kostenträger der gesetzlichen Krankenversicherung durchaus als Unternehmen im Sinne des Art. 86 Abs. 1 EGV anzusehen sein.

6. Fazit

Zusammenfassend ist festzustellen, dass die Richtlinien gegen die Grundsätze des Art. 80 GG verstoßen, da die Ermächtigung in § 92 Abs. 1 S. 1 SGB V fast ausschließlich aus unbestimmten Rechtsbegriffen besteht und die Grenzen der Ermächtigung aus der Norm nicht ersichtlich werden. Darüber hinaus fehlt es an einer effektiven Kontrolle durch die Verwaltung, aber insbesondere durch die Gerichte. Bei der Frage der Anwendbarkeit des EG-Kartellrechts muss das Urteil des EuGH zur Frage der Unternehmenseigenschaft der Krankenkassen bei der Festlegung der Festbeträge beachtet werden. Allerdings ist dieses Urteil nicht ohne weiteres auf die Prüfung der Frage übertragbar, ob der Gemeinsame Bundesausschuss – jedenfalls in einigen Fällen – einen Unternehmenszusammenschluss darstellt, und die von ihm erlassenen Richtlinien folglich als kartellrechtsrelevante Absprachen i. S. d. Art. 81 Abs. 1 EGV zu bewerten sind.

---

[35] Vgl. EuGH, SIG 1999, I-5751, Rn. 84ff.

Schließlich stellt sich die Frage nach einem Verstoß gegen Europäisches Wettbewerbsrecht mit Blick auf den jeweiligen Mitgliedstaat der Gemeinschaft. Die Debatte um die Anwendbarkeit des Europäischen Wettbewerbsrechts ist durch das Festbetragsurteil des EuGH noch nicht beendet. Es gilt, die Frage nach dem Vorliegen unternehmerischer Tätigkeit von Kostenträgern der gesetzlichen Krankenversicherung nicht aus den Augen zu verlieren. Dies gilt im besonderen Maße für die Tätigkeiten des Gemeinsamen Bundesausschusses, für die eine wettbewerbsrechtliche Überprüfungsmöglichkeit vor dem Hintergrund der enormen Machtkonzentration für das GKV-System wünschenswert erscheint.

Qualitäts- und Nutzenbewertung von Untersuchungs- und Behandlungsmethoden aus medizinischer Sicht

Heiner Raspe

1. Einleitung

Der Beitrag beschäftigt sich mit der Bewertung von Leistungen der gesetzlichen Krankenversicherung (GKV) aus medizinischer Sicht. Er konzentriert sich auf Leistungen, die durch Arzneimittel und Medizinprodukte vermittelt werden. Im Zentrum geht es um deren Wirksamkeit, Nutzen und Schaden. Eine solche medizinische Bewertung wird jeder ökonomischen zeitlich und sachlich vorausgehen müssen. Was nicht wirksam und nützlich ist oder mehr schadet als nützt, kann auf keinen Fall wirtschaftlich sein. Andererseits ist nicht alles, was Nutzen verspricht, auch effizient. Daher wird man auf eine zusätzliche gesundheitsökonomische Bewertung von GKV-Leistungen so gut wie nie verzichten können.

Die medizinische Bewertung bedient sich heute bestimmter Konzepte und Methoden. Für sie steht der weite Begriff der „evidenzbasierten" klinischen Medizin bzw. medizinischen Versorgung („evidence-based clinical medicine and health care"). Deren Substrat sind die Ergebnisse so genannter evaluativer Studien der klinischen- und Versorgungsforschung. Sie orientieren uns über die Folgen klinischen und Versorgungshandelns und lassen es uns bewerten (daher „evaluativ"). Aus den qualitativen und quantitativen Ergebnissen solcher Studien wird durch kritische Beurteilung und Diskussion das gewonnen, was international mit „Evidenz/evidence" bezeichnet wird. Dabei spielen klinische und bevölkerungsepidemiologische Gesichtspunkte ebenso eine Rolle wie methodische.

Es ist im internationalen Vergleich bemerkenswert, dass die evidenzbasierte Medizin (EbM) bei uns in Deutschland weniger in der Klinik, als vielmehr auf der Ebene des Gesundheitssystems relevant geworden ist. Inzwischen ist sie sozialrechtlich im SGB V (früherer § 137e Abs. 3, jetzt §§ 91 Abs. 3, § 137f Abs. 1 und 2, 139a Abs. 3), in der Verfahrensordnung des Gemeinsamen Bundesausschusses (G-BA, vom 20.09.2005) und in der ständigen Rechtsprechung des Bundessozialgerichts verankert. Die Evaluation medizinischer Leistungen folgt einem bestimmten Konzept, dem der so genannten *summativen* Evaluation. Dessen Besonderheit wird deutlich, wenn wir es mit einem alternativen Konzept, das der *formativen* Evaluation vergleichen.

Dazu eine vielleicht absurd anmutende Frage: Warum vergleichen wir den Nutzen eines neuen Automodells (z. B. den Golf V) nicht in einer umfangreichen kontrollierten randomisierten Erprobung gegen den eines früheren (Golf IV) oder eines konkurrenzierenden (BMW, Audi, Mercedes)? Soll ein neues Modell etwa keinen (gesundheitlichen) Nutzen stiften, soll es nicht auch die aktive und passive Sicherheit der Insassen erhöhen? Ist uns durch zahlreiche Rückrufaktionen nicht die Unsicherheit von Neuentwicklungen vor Augen geführt worden? Wäre eine solche Prüfung ganz unmöglich? Man wird dies unter Hinweis auf zahlreiche klinische Prüfungen von ähnlich komplex gebauten Medizinprodukten (z. B. implantierbaren Defibrillatoren; cf. Steinbrook 2005) wohl verneinen können. Dennoch finden solche randomisierten kontrollierten Studien (= RCTs für randomised controlled trials) in der Automobilproduktion oder in der Fertigung von Waschmaschinen etc. nicht statt.

2. Zwei Kulturen der Evaluation

Dennoch, auch solche Produkte werden natürlich evaluiert – und das nicht weniger streng – unterliegen sie doch einer beständigen formativen Evaluation. Der Unterschied zur erwähnten summativen Evaluation wird durch Bortz und Dörning (2002, 113) folgendermaßen charakterisiert:

„Die summative Evaluation beurteilt zusammenfassend die Wirksamkeit einer vorgegebenen Intervention, während die formative Evaluation regelmäßig Zwischenergebnisse erstellt, mit dem Ziel, die laufende Intervention zu modifizieren oder zu verbessern."

Und genau dies Letzte geschieht in der Fertigung technischer Produkte, sie werden fortlaufend und an jeder möglichen Stelle kleinschrittig optimiert, das Gesamtprodukt befindet sich in steter Verwandlung und ist dennoch als solches und vor allem funktionell „ultrastabil" – trotz aller Veränderungen unter seiner bis zum Modellwechsel im Wesentlichen gleich bleibenden Oberfläche. Eine solche Kultur der beständigen Optimierung wäre im Bereich der klinischen Arzneimittelprüfung absolut undenkbar. Sie spielt in den vorklinischen Entwicklungsschritten eine Rolle. Kommt es aber zur zulassungsrelevanten Prüfung eines neu entwickelten Medikaments an Gesunden und Kranken (Phase I bis III), dann werden Produktkonstanz und gleich bleibende Produktqualität vorausgesetzt. Ohne deren Sicherung beginnt keine Prüfung am Menschen.

Die Geschichte, Gründe und Funktionen der zwei Evaluationskulturen können hier nicht wissenschaftshistorisch und -soziologisch nachgezeichnet werden. Es muss genügen, sie in ihrer Existenz plausibel gemacht zu haben. Die Optimierungskultur der Medizintechnik ist allerdings eine Determinante der immer noch unbefriedigenden Studienlage in diesem Bereich, trotz einer sich in Richtung summative Evaluation verschiebenden Gesetzeslage (§ 20ff. Medizinproduktegesetz). Eine weitere Angleichung der Evaluationserfordernisse und ihrer gesetzlichen Grundlagen ist zu erwarten und zu fordern. Es wird nicht mehr lange dauern, bis sich auch Medizinprodukte den gleichen Evaluationsbedingungen stellen müssen, wie heute schon die Arzneimittel, aber auch die Verfahren der besonderen Therapierichtungen (Homöopathie, Anthroposophische Medizin, Phytotherapie), Psychotherapien, die medizinische Rehabilitation, Früherkennungsuntersuchungen (z. B. Mammographiescreening) oder operative Verfahren. Sie alle müssen sich dem Konzept und den Methoden der summativen Evaluation unterwerfen.

Damit soll auf keinen Fall ausgedrückt sein, dass formative Evaluation in der Medizin keine Rolle spiele. Auch eine evidenzbasierte Medizin kann ohne sie nicht auskommen. Denn nicht jede nach ihren Kriterien systematisch empfohlene und ausgewählte Therapie wird sich wie erhofft durchführen lassen; es gibt spätes oder frühes Therapieversagen, unerwünschte Wirkungen, Patienten- und Krankheitsbesonderheiten, Patientenpräferenzen, Noncompliance – viele Umstände also, die eine Probebehandlung, ein Herantasten an die richtige Dosis, einen Auslassversuch, die Wahl ungewöhnlicher Zeitintervalle, ein Ausweichen auf atypische Medikamente etc. erforderlich machen. Analoges gilt schon für jeden anamnestischen und weiteren diagnostischen Prozess. Auch hier wird man sich selbst und den klinischen Erkenntnisfortschritt vor allem formativ evaluieren müssen. Formativer Evaluation bedarf es aber nicht nur in der Behandlung vieler – wohl der meisten Einzelfälle; sie wird faktisch auch in der (Weiter-) Entwicklung komplexer Verfahren wie z. B. Operationstechniken, medizinischer Rehabilitation, Psychotherapie angewandt – häufig verbunden mit dem Missverständnis, dass eine summative Evaluation hier grundsätzlich nicht in Frage käme. Ohne diesen Einwand hier weiter behandeln zu können, spricht schon allein die Existenz zahlreicher RCTs zu eben diesen und verwandten Verfahrensgruppen faktisch gegen eine solche Behauptung.

3. Summative Evaluation durch randomisierte kontrollierte Studien

Die evaluative klinische- und Versorgungsforschung folgt im Wesentlichen dem Paradigma der summativen Evaluation durch kontrollierte Studien. Sie folgt damit auch rechtlichen Normen, wie sie u. a. im Arzneimittel- und Medizinproduktegesetz, dem SGB V, in der Verfahrensordnung des Gemeinsamen Bundesausschusses und der ständigen Sozialrechtsprechung formuliert bzw. enthalten sind. Sie schafft die Evidenz aus systematischer Forschung, die nach David Sackett (Sackett et al 1996) und Brian Haynes (Haynes et al 2002) in der klinischen Medizin und nach Muir Gray (1997) auch in der gesundheitlichen Versorgung ganzer Bevölkerungsgruppen genutzt werden muss.

Allerdings ergibt sich Evidenz niemals direkt und ohne weitere Arbeit aus irgendwelchen Studienergebnissen (Daten, Tabellen, Abbildungen). Erst eine unter Umständen weltweite kritische Diskussion („critical appraisal"), vor allem der Schnittmuster der Studien, ihrer Durchführungsqualität, ihrer Gefährdungen durch Zufall, Verzerrungen und Mitursachen, ihrer Schätzgenauigkeit, Konsistenz und Übertragbarkeit, macht aus Daten Evidenz mit entsprechend geringerer oder größerer Überzeugungskraft.

Die Frage ist nun: Evidenz wofür? Ich will mich hier auf die Qualitäten der generellen Wirksamkeit, des Nutzens und Schadens konzentrieren. Der Gemeinsame Bundesausschuss hat bei therapeutischen Methoden noch die Kriterien der Notwendigkeit und Wirtschaftlichkeit zu prüfen (§ 1 35 Abs. 1 SGB V, cf. Verfahrensordnung des G-BA vom 20.09.2005).Zuerst zur generellen Wirksamkeit, wie sie u. a. in der folgenden Entscheidung des 1. Senats des Bundessozialgerichts (vom 19.02.2002; AZ) angesprochen worden ist:

„... haben im Streitfall die Gerichte der Sozialgerichtsbarkeit darüber zu befinden, ob Qualität und Wirksamkeit der jeweiligen Methode dem allgemein anerkannten Stand der medizinischen Erkenntnisse entsprechen. Nach der Rechtsprechung des Senats ist das nur der Fall, wenn über ihre Zweckmäßigkeit in den einschlägigen medizinischen Fachkreisen Konsens besteht (...). Die Behandlung muss sich in einer für die sichere Beurteilung ausreichenden Zahl von Fällen als erfolgreich erwiesen haben, was in der Regel durch wissenschaftlich einwandfrei geführte Statistiken belegt sein muss. Da es auf den Nachweis der *generellen Wirksamkeit* (Hervorhebung HR) ankommt, kann die Leistungspflicht der Krankenkasse nicht damit begründet werden, dass die Therapie im konkreten Einzelfall erfolgreich gewesen sei und es unter der Behandlung zu einer Besserung des Gesundheitszustandes gekommen sei ..."

Während wir Wirkungen gelegentlich direkt beobachten können (z. B. in der Anästhesie), ist Wirksamkeit ein so genanntes latentes Konstrukt, das erschlossen werden muss. Erforderlich ist der Nachweis eines Kausalnexus zwischen beobachteter „Wirkung" und geprüfter „Ursache". Die Frage ist z. B., ob eine in einer Gruppe von Patienten beobachtete Blutdrucksenkung tatsächlich auf das eingesetzte Medikament zurückgeführt werden kann oder ob sich die festgestellte Senkung des mittleren systolischen Drucks aus einem natürlichen Krankheitsverlauf, einer Regression zur Mitte, irgendwelchen Mitursachen, aus Zufall oder systematischen Messfehlern oder durch Datenmanipulation ergeben hat. Erst wenn wir überzeugt sind, dass das Medikament ursächlich war, werden wir ihm Wirksamkeit attestieren können. Dazu bedarf es diverser skeptischer Fragen, befriedigender Antworten und vielfacher Urteile. Sie setzen eine klinisch und methodisch geschulte Urteilskraft voraus. Am Ende steht eine qualitative Feststellung: Wirksamkeit ist entweder gegeben oder nicht, oder wir sind unsicher und müssen die Frage offen lassen. Quartum non datum. In Deutschland hat zuerst wohl Paul Martini systematisch untersucht und beschrieben, wie dieser „klinische Beweis" bei akuten und chronischen Krankheiten zu führen ist (Martini 1932).

Inzwischen kann als gesichert gelten, dass der therapeutische Wirksamkeits- (und Nutzen-)nachweis am sichersten mit der „Versuchsanordnung" der randomisierten kontrollierten Studie (RCT) erbracht werden kann. Ebenso sicher ist aber, dass andere klinische Fragen (z. B. die Validität eines diagnostischen oder prognostischen Tests, die Analyse von Nebenwirkungen) vorrangig andere Studiendesigns erfordern und dass sich in bestimmten Grenzsituationen RCTs erübrigen (cf. „all or none" in der Evidenzhierarchie des EbM-Zentrums in Oxford: www.cebm.net und Smith and Pell 2003).

Stellt sich eine Therapie als nicht wirksam heraus, dann erübrigen sich alle Überlegungen zu ihrem Nutzen, ihrer Notwendigkeit und Wirtschaftlichkeit. Was nicht wirkt, kann nicht nützlich, notwendig und wirtschaftlich sein. Insofern wird man zuerst Daten zu dieser Qualität erarbeiten müssen.

RCTs eignen sich zum Wirksamkeitsnachweis für ein nahezu unbegrenztes Spektrum therapeutischer, präventiver und rehabilitativer Methoden. Sie sind durchgeführt worden zur Prüfung auch psychotherapeutischer Verfahren, komplexer stationärer Rehabilitationsprogramme, umfassender Präventionsprogramme, religiöser Interventionen, Schulungsmaßnahmen, Operationsverfahren, Qualitätssicherungsprogramme, Systemveränderungen, Leistungen der besonderen Therapierichtungen und der Paramedizin. Auch unscharfe Krankheitsbilder, wie Müdigkeit oder Rückenschmerzen, sind einem RCT zugänglich. Das heißt nicht, dass RCTs keine Grenzen hätten.

Einige wichtige seien hervorgehoben:
- Artifizielle Studienbedingungen ("efficacy" = Effektivität unter vielfach optimierten Studienbedingungen, nicht „effectiveness" = Effektivität unter Alltagsbedingungen)
- Enges Patienten- und Einrichtungsspektrum
- Kleine Stichproben
- Zeitlich begrenzte Nachbeobachtung
- Risiken systematisch unterschätzt (s. u.)
- Oft Surrogatparameter statt klinisch relevanter Endpunkte (s. u.)
- Wirksamkeit – nicht Nutzen und Netto-Nutzen (s. u.)
- Patientenpräferenzen selten berücksichtigt
- Interessenskonflikte: selektive Darstellung und Publikation
- Einzelmedikamente statt Komplextherapien (in Interventions- und Kontrollgruppe)
- Selten Wirtschaftlichkeitsprüfung integriert

Vor diesem Hintergrund ist es nur logisch, für Arzneimittel eine ergänzende Prüfung in Form einer so genannten Vierten Hürde zu fordern (cf. Sachverständigenrat 2005). Diese darf allerdings nicht allein auf die Wirtschaftlichkeitsprüfung verkürzt werden (so wichtig diese ist), zu prüfen ist auch die Bewährung des Medikaments im Behandlungsalltag. Wie stellen sich hier, in tausend- oft millionenfacher alltäglicher Anwendung, die Nutzen- und Schadenspotenziale eines neuen Medikaments dar? Eine Vierte Hürde würde es ermöglichen, Marktzulassung eines Medikaments, seine Verschreibungspflicht und Erstattungsfähigkeit evidenzbasiert zu unterscheiden und getrennt zu regeln, Positiv- und/oder Negativlisten zu formulieren oder auch (wie z. B. in Finnland) Zuzahlungen der Patienten zu einzelnen Medikamenten zu differenzieren. Auch ein „risk sharing" mit Herstellern wäre datengestützt möglich. Dies alles scheint bei Innovationen besonders wichtig in einem System, das den Marktzugang niedrigschwellig hält und in dem die Produzenten die Preise ihrer neuen Medikamente einseitig festlegen (können).

Je nach Evidenzlage könnte z. B. die Zulassung zum so genannten ersten Gesundheitsmarkt der GKV differenziert werden. Beispielhaft sehe ich hier die Entscheidungsmöglichkeiten der Eidgenössischen Leistungskommission der Schweiz (Handbuch 2000; siehe folgende Tabelle).

Entschädigungspflicht der Krankenversicherung in der Schweiz
(7 Fallgruppen)

1.	Ja	Zustimmung ohne Einschränkung
2.	Ja	Zustimmung für bestimmte Indikationen (Änderungen oder Erweiterungen nach Ablauf von zwei Jahren)
3.	Ja	An Zentren, welche bestimmte Voraussetzungen erfüllen
4.	Ja	An namentlich bezeichneten Zentren, verbunden mit dem verbindlichen Auftrag, ein Evaluationsregister zu führen
5.	Ja	Sofern der Antragsteller an der genehmigten prospektiven multizentrischen Evaluationsstudie teilnimmt
6.	Nein	In Evaluation (durch Antragsteller)
7.	Nein	Ablehnung (neuer Antrag nach Ablauf von zwei Jahren möglich)

Um so abgestuft urteilen und entscheiden zu können, bedarf es nach der Feststellung der Wirksamkeit auch einer Abschätzung der Nutzen- und Schadenspotenziale einer neuen Methode, z. B. eines Arzneimittels.

4. Nutzen und Schaden, Risiken und Chancen

Nutzen bedeutet mehr als Wirksamkeit. Nutzen hat mehr als eine Qualität, und er kann quantifiziert werden. Qualitativ lässt er sich in unterschiedlichen Effektparametern, so genannten Outcomes, ausdrücken. Üblicherweise werden Surrogatparameter von klinisch relevanten Endpunkten unterschieden. Als solche gelten Mortalität, Morbidität und Lebensqualität der Kranken – auch aus ihrer eigenen Sicht. Surrogatparameter liegen im Vorfeld relevanter Zielgrößen („intermediäre Outcomes") oder sozusagen dicht neben ihnen („Proxies"). Ihre Wahrnehmung ist dann vor allem gerechtfertigt, wenn sich in anderen Studien sehr enge statistische Beziehungen zwischen Surrogatparameter und Endpunkt zeigen ließen. Auch sonst mögen sie pathophysiologisches oder pharmakodynamisches Interesse finden; allein sind sie zum Nutzenbeleg nicht geeignet. Daher gibt die neue Verfahrensordnung des G-BA zu

Recht Studien mit patientenbezogenen, d. h. klinische relevanten Endpunkten (§ 20 Abs. 2) den Vorzug.

Für die Quantifizierung eignen sich vor allem relative Risiken bzw. Odds Ratios und damit relative Risikoreduktionen (RRR), absolute Risikodifferenzen und Numbers Needed to Treat (NNTs). Die RRR reflektiert das (relative) Ausmaß der Risikoreduktion (gemessen am Risiko der Kontrollgruppe) und die NNT die Eintrittswahrscheinlichkeit eines günstigen Outcomes – verglichen wieder mit dem, was in der Kontrollgruppe zu erwarten ist. Außerdem scheinen mir die Nachhaltigkeit und die Eintrittsgeschwindigkeit günstiger Effekte von Bedeutung. Es ist offensichtlich, dass über Nutzen (und Schaden) auf der Basis von klinischen Studien allein in statistischen Termini gesprochen werden kann. Es handelt sich um stochastische Größen, die überdies nur unter Unsicherheit geschätzt werden können. Entsprechend werden sie als so genannten Punktschätzer von engeren oder weiteren Konfidenzintervallen umgeben.

Unter Schaden verstehen wir alle zu befürchtenden oder zu erwartenden negativen klinischen Konsequenzen für die Studienteilnehmer. Sie können früher oder später, möglicherweise erst nach Jahren sichtbar werden. Auch über Schäden lässt sich nur mit Wahrscheinlichkeiten ("Risiken") und unter Unsicherheit sprechen. Vor allem späte und seltene Risiken von Arzneimitteln sind schwerer zu erfassen als ihre Chancen. RCTs sind nur begrenzt geeignet, ein realistisches Bild der Schadensinzidenz zu geben. Ihre Stichproben sind in der Regel zu klein, ihre Nachbeobachtungszeit zu kurz. Hinzu kommt ein notorisch unvollständiger Schadensbericht in den einschlägigen Publikationen (z. B. Ioannides and Lau 2001). Diese Erfahrungen haben zu einer ausdrücklichen Extension des so genannten CONSORT-Statements zum Berichtsformat von RCTs geführt (Annals Internal Medicine 2004; 141:781-788). So werden andere Evidenzquellen und -formen besonders wichtig; hinzuweisen ist auf Fallberichte, Beobachtungskohorten-, Register- oder Fall-Kontroll-Studien. Schließlich sind Schadens- und Nutzenpotenziale gegeneinander abzuwägen. Hierfür ist es unter anderem hilfreich, sich die Relation NNT zu NNH (Number Needed to Harm) zu vergegenwärtigen. NNTs sollten (sehr viel) kleiner sein als NNHs.

Weitere für die Prüfung klinischer Studien wichtige Punkte betreffen die Qualität der Studiendurchführung (es gibt miserabel durchgeführte RCTs), die Bias-Gefährdung und Präzision ihrer Ergebnisse, die Ergebniskonsistenz verschiedener (vergleichbarer) Studien und ihrer Übertragbarkeit auf die jeweils gegebene Krankheits- und Versorgungssituation. Hierzu hat die GRADE-Working Group wichtige Beiträge geleistet (2004).

5. Medizinische Nutzenbewertung und Prioritätensetzung

Es leuchtet ein, dass die Ergebnisse evaluativer klinischer und Versorgungsstudien auch für die Prioritätensetzung im Gesundheitswesen von Bedeutung sind. Hierunter versteht man die ausdrückliche Feststellung einer Vorrangigkeit bestimmter medizinischer Leistungen, Indikationen und Versorgungsformen vor anderen. Ihr Gegenteil heißt Posteriorisierung. Es wird eine horizontale von einer vertikalen Priorisierung unterschieden. Im letzten Fall bleibt man innerhalb einer Krankheitsgruppe, z. B. bei Herzerkrankungen, und versucht, die hier angewandten diagnostischen und therapeutischen Methoden in eine Rangreihe zu bringen. Im zuerst genannten Fall geht es um die Abwägung zwischen verschiedenen Krankheitsgruppen (Herz vs. Bewegungsapparat), Patientengruppen (Alte vs. Junge), Behandlungszielen (Prävention vs. Kuration) oder auch Behandlungsmethoden (alte vs. Innovationen).

Priorisierung ist auch immer ein politischer Prozess, insofern werden klinische Studienergebnisse zu Chancen und Risiken von Methoden oder Indikationen nicht allein entscheidend sein können. Es kommt auch auf Konsensprozesse und demokratische Verfahren und natürlich auch auf die Berücksichtigung von Kosten-Nutzen-Relationen an.

Ebenso wenig wird man aber auf die Berücksichtigung der Evidenzbasis und -qualität verzichten können. Vorbildlich scheinen diese verschiedenen Erwägungen in Schweden gelungen zu sein. Schon 1995 hatte sich hier eine Parlamentskommission auf drei ethische Grundsätze und Prinzipien der Priorisierung geeinigt („human dignity", „need and solidarity", „cost-efficiency") und daraus akzeptable und nicht-akzeptable Kriterien abgeleitet (The Swedish Parliamentary Priorities Commission). Anders als etwa in Dänemark und den Niederlanden folgte dieser theoretischen Arbeit eine praktische Priorisierungsanstrengung, zuerst – und zwar vertikal – im Bereich der Herzkrankheiten.

Seit Mitte 2004 liegt ihr Ergebnis in Form einer nationalen Leitlinie (The Swedish National Board of Welfare's Guidelines for Cardiac Care 2004) vor. Sie verfolgt ein eher bescheiden klingendes Ziel: „The guidelines shall provide national support to assist healthcare providers in establishing health care programs and setting priorities." Die Prioritätenliste umfasst insgesamt 118 Positionen; einige sind der folgenden Tabelle zu entnehmen. 19 Problem-Leistungskopplungen, in klinischer Diktion: Indikationen erhielten die höchste Priorität „1", fünf die niedrigste, eine „10".

Position	Indikation	Rang
1	New worrisome symptoms which lead to suspicion of heart disease - health care contact (e.g. healthcare information - primary care - emergency room)	1
2	Smoking without previously known cardiovascular disease - brief counselling incl. nicotine replacement	1
3	Ischemic heart disease documented - acetylsalicylic acid (ASA) 75-160 mg/day	1
82	Treatment after myocardial infarction in order to prevent recurrence - anticoagulants (warfarin)	5
114	Primary prevention (low risk of cardiovascular disease) - statins (lipid lowering)	10

Anders als in unserem und im englischen System geht es in Schweden nicht um den vollständigen Ein- oder Ausschluss bestimmter Leistungen bzw. Indikationen, sondern um deren transparente, evidenzbasierte und breit konsentierte Abstufung; ihre Umsetzung ist zudem den Kardiologen überlassen. Von ihnen wird (J. Carlsson 2005, pers. Mitteilung) erwartet, dass sie die Prioritäten der Positionen 1 bis 3 regelmäßig umsetzen, die der Ränge 4 bis 7 gut überlegen und die von 8 bis 10 regelhaft vermeiden. Im Einzelfall sind natürlich, und das ist der Vorteil einer solchen Priorisierung, abweichende klinische Entscheidungen notwendig und möglich – wenn es dafür gute Gründe aus klinischer oder Patientensicht gibt. Die Verantwortung bleibt in der Hand von Ärzten und Patienten.

In Deutschland hat die Diskussion um die Prioritätensetzung im Gesundheitswesen noch nicht begonnen; eine Stellungnahme der Zentralen Ethikkommission bei der Bundesärztekammer aus dem Jahr 2000 blieb ohne jedes Echo; die Arbeit der letzten Enquetekommission des Bundestages zu Ethik und Recht der Modernen Medizin blieb wegen des vorzeitigen Endes der 15. Legislaturperiode unabgeschlossen (Bericht der Enquete-Kommission über den Stand der Arbeit vom 06.09.2005). Dies ändert nichts an der Dringlichkeit und Brisanz des Themas bei einer immer spürbarer werdenden Ressourcenknappheit in unserem Gesundheitssystem. Wir werden uns langfristig nicht nur um die Sicherung der Einnahmebasis der Krankenversicherung, sondern auch um die Ausgabenseite kümmern müssen. Hierbei wird vertikale und horizontale Priorisierung voraussichtlich eine entscheidende Rolle spielen.

Auch aus dieser Perspektive spricht alles dafür, die evaluative klinische und Versorgungsforschung zu intensivieren und damit die evidenzbasierte Medizin und evidenzbasierte gesundheitliche Versorgung zu stärken. Eine nicht zu übersehende Evidenz stellen Kosten und Kosten-Nutzen-Relationen alter und neuer medizinischer Methoden dar. Hiervon handelt der nächste Vortrag.

Literatur:

Steinbrook, R.: The Controversy over Guidant's Implantable Defibrillators. N ENgl J Med 353 (2005) 221-224

Bortz, J./Döring, N.: Forschungsmethoden und Evaluation. Springer Berlin, Heidelberg, New York, 3. überarb. Aufl. 2002

Sackett, DL/Rosenberg, WMC/Muir Gray, JA et al: evidence-based medicine: What it is and what it isn't. BMJ 312 (1996) 71-72

Haynes, RB/Devereaux, PJ/Guyatt, GH: Physicians' and patients' choices in evidence based practice. BMJ 234 (2002) 1350

Gray, JAM: evidence-based health care. New York, Edinburgh, London, Churchill Livingstone, 1997

Martini, P.: Methodenlehre der therapeutisch-klinischen Forschung. Springer, Berlin, 1932

Smith, GCS/Pell, J P: Parachute use to prevent death and major trauma related to gravitational challenge: systematic review of randomised controlled trials. BMJ 327 (2003) 1459-14161

Sachverständigenrat zur Begutachtung und Entwicklung im Gesundheitswesen: Koordination und Qualität im Gesundheitswesen. http://svr-gesundheit.de/Gutacht05/Kurzfassung.pdf

Eidgenössische Leistungskommission, Handbuch 2000, S. 8

Ioannidis, JPA/Lau, J.: Completeness of safety reporting in randomized trials. JAMA 285 (2001) 437-443

GRADE Workig Group: Grading quality of evidence and strength of recommendations. BMJ 328 (2004) 1490-1494

The Swedish Parliamentary Priorities Commission: Priorities in Health Care. The Ministry of Health and Social Affairs, Stockholm Offsetcentral 1995

Enquete-Kommission „Ethik und Recht der modernen Medizin" des Deutschen Bundestages: Bericht „Über den Stand der Arbeit" der Enquete-Kommission „Ethik und Recht der modernen Medizin" des Deutschen Bundestages, Stand September 2005

Qualitäts- und Nutzenbewertung aus ökonomischer Sicht

J.-Matthias Graf von der Schulenburg

1. Warum ist eine ökonomische Bewertung notwendig?

Es besteht keine Frage, dass angesichts der Knappheit der Mittel und der Finanzierung durch Solidargemeinschaften (allgemeines Steueraufkommen, gesetzliche Krankenkassenbeiträge) eine ökonomische Bewertung aller Leistungen notwendig ist, die Patienten auf Kosten der Solidargemeinschaften in Anspruch nehmen. Ökonomische Bewertung bedeutet die Gegenüberstellung von Kosten und Nutzen, wobei Ökonomen bei der Erfassung, Messung, Bewertung und Interpretation von Kosten sowohl theoretisch als auch empirisch recht beschlagen sind. Schwierigkeiten bereiten hingegen die Messungen und die Bewertung der Qualität und des Nutzens. Dies liegt daran, dass beide Begriffe qualitative Begriffe sind, die ohne Annahmen nicht quantifiziert werden können, was aber notwendig ist, um Kosten-Nutzen-Relationen zu berechnen. Außerdem bestehen ungelöste und prinzipiell auch nicht lösbare Aggregationsprobleme. Das heißt, nur mit Hilfe von Normen (d. h. Annahmen, über die man sich einigt) sind die Probleme zu lösen.

Zunächst zur Qualität: Ökonomen unterscheiden zwischen Qualität im ökonomischen Sinne und Gutseigenschaften. Bei Qualität handelt es sich um ein Phänomen, bei dem jeder Betrachter hohe und niedrige Qualität unterscheiden kann und man sich auch über die Rangordnung einig ist. Jeder stimmt mit mir überein, dass eine gut verheilte Operationsnarbe bei ansonsten völlig identischen Bedingungen eine höhere Qualität darstellt als eine eiternde Narbe. Bei Gutseigenschaften unterscheiden sich hingegen die Bewertungen der Betrachter. Der eine liebt rote Autos mehr als blaue und der andere liebt blaue Autos mehr als rote. Aber selbst wenn sich alle Betrachter in der Bewertung einig sind, bleibt die Messung schwierig, z. B. die Aussage, das hat eine doppelt so hohe Qualität wie dieses.

Die Aggregationsprobleme bei der Nutzenbewertung liegen auf drei Ebenen:
1. das interpersonelle Aggregationsproblem
2. das interdimensionäre Aggregationsproblem
3. das intertemporale Aggregationsproblem

Bei der interpersonellen Aggregation ist die Frage, ob ich den Nutzen einer Person mit dem Nutzen einer anderen Person, vorausgesetzt ich kann diesen messen, einfach zusammenziehen und dann z. B. mit Durchschnitten weiterrechnen kann. Können wir sagen, dass, wenn sich durch eine Behandlung die Lebensqualität oder die Lebenserwartung von einem Patienten um 10 % und eines anderen Patienten um 40 % erhöht hat, die Behandlung einen Nutzenzuwachs von 25 % bringt? Ist diese Behandlung bezüglich des Nutzens gleich zu bewerten, wie eine alternative Behandlung die bei beiden Patienten eine Steigerung von 25 % bringt? Das Problem kann nur durch eine Konvention gelöst werden, z. B. durch die üblichen Festlegungen, jeder zählt gleich, Patienten mit tödlichen Erkrankungen zählen mehr, Patienten aus sozial schwachen Gruppen zählen mehr usw.

Das interdimensionäre Aggregationsproblem kommt dadurch zustande, dass der Nutzen (aber auch die Qualität) in der Regel nicht eindimensional ist, sondern mehrdimensional. Ist z. B. die Lebensqualität für zwei Personen gleich, von denen der eine große Schmerzen und der andere unter starken Ängsten/starker Depression leidet? Auch dieses Phänomen lässt sich nur durch eine Konvention lösen, z. B. einer Aggregationsvorschrift, wie sie der EQ 5D (Lebensqualitätsmessinstrumente, das von der Euro QoL Gruppe entwickelt wurde) aufgrund von Bevölkerungsbefragungen ermittelt hat.

Schließlich gibt es das intertemporale Aggregationsproblem, welches Ökonomen durch die Fixierung eines Diskontsatzes gemäß der Barwertmethode lösen. Aber das Problem ist nicht gelöst. Für den einen zählen nur die nächsten Wochen, während ein anderer langfristig denkt.

Die Botschaft dieses Aufsatzes ist: Ökonomen sind gut im Messen und in der Entwicklung von Regeln zur Lösung des Rationierungsproblems (Ökonomen sind Experten für Entscheidungen zur Bekämpfung der Knappheit der Mittel, so wie Ärzte Experten für die Bekämpfung der Knappheit der Gesundheit sind. Beide lösen die jeweiligen Probleme jedoch nicht). Allerdings können Qualität und Nutzen nur bewertet werden, wenn man sich auf Konventionen einigt. Es gibt kein allgemeingültiges Maß zur Messung und Bewertung dieser Größen. Sie bleiben letztlich subjektiv.

Im Folgenden gehen wir nun auf einige dieser Standards ein, wie sie die Gesundheitsökonomie entwickelt hat.

2. Wir werden Kosten und Nutzen bewertet?

Wirtschaftlichkeitsuntersuchungen im Gesundheitswesen werden, wie in Abbildung 1 dargestellt, nach verschiedenen Grundformen unterschieden, die insbesondere danach unterteilt sind, ob neben Kosten auch Nutzen einer Maßnahme bei der Bewertung berücksichtigt werden.

Abbildung 1: Grundformen der Wirtschaftlichkeitsuntersuchungen

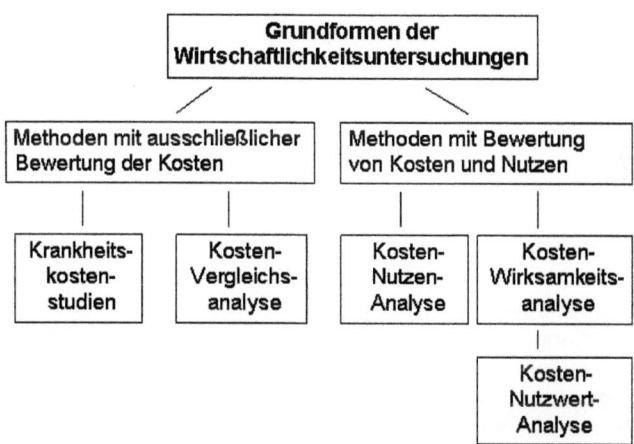

Die Basis jeder weiteren Wirtschaftlichkeitsanalyse stellt zunächst die Erfassung der Kosten dar. Ohne die Kenntnis über die Ressourcen, die für eine bestimmte Behandlungsmethode benötigt werden, ist die Analyse mittels weitergehender Konzepte wie z. B. Kosten-Wirksamkeitsstudien, nicht möglich. Als eigenständige Studienform ist die reine Kostenanalyse allerdings nur in zwei Bereichen von ökonomischem Wert: erstens zur Erfassung von Krankheitskosten und zweitens zur Bestimmung des durchschnittlichen Ressourcenbedarfs bei Pauschalhonorierungssystemen von medizinischen Gütern und Dienstleistungen wie z. B. Fallpauschalen. Ökonomisches Denken ist immer die simultane Betrachtung von Kosten und Nutzen.

Krankheitskostenstudien („Cost-of-Illness-Studies") analysieren die Kosten einer bestimmten Krankheit für ein gesamtes Gesundheitssystem mit dem Ziel, der Gesundheitspolitik Hinweise auf die ausgabenbezogene Bedeutung einer bestimmten Krankheit zu geben. Weiterhin werden die Ergebnisse dieser Studien als Grundlageninformationen für gesundheitsökonomische Modellierungsstudien (z. B. zu den Behandlungskosten einzelner Schweregrade einer Erkrankung) genutzt. Dabei werden sowohl die direkten als auch die indirekten Kosten inklusive der Folgekosten sowie epidemiologische Daten in die Analyse mit einbezogen. Krankheitskostenstudien können auch einen vergleichenden Charakter haben, z. B. werden in einigen Fällen Krankheitskosten verschiedener Gruppen (Raucher vs. Nicht-Raucher etc.) miteinander verglichen. Die Ergebnisse solcher Untersuchungen sind durchaus politikrelevant, wenn daraus gesundheitspolitische Handlungsempfehlungen abgeleitet werden. Krankheitskostenstudien können z. B. bei der Planung von Einrichtungen im Gesundheitswesen zur Prioritätensetzung von Nutzen sein, wenn die zukünftige ökonomische Belastung (z. B. durch demographischen Wandel oder neu aufgetretene Krankheiten) abgeschätzt werden soll. Informationen über bestimmte Indikationen können zudem dazu führen, dass die Gesundheitspolitik auf eine Unterausstattung mit Mitteln im Allgemeinen oder auch bei bestimmten Krankheiten aufmerksam gemacht wird. Allerdings sagt der absolute Kostenbetrag einer Indikation wenig darüber aus, ob aktuell ein Handlungsbedarf durch die Gesundheitspolitik besteht.

Wenn davon ausgegangen werden kann, dass die untersuchten alternativen Behandlungsmethoden zu gleichem Nutzen führen (was in der Regel nicht der Fall sein dürfte), dann ist ein einfacher Kosten-Kosten-Vergleich der unterschiedlichen Behandlungsformen ausreichend (Kosten-Vergleichsanalyse).

Insbesondere neue, innovative Formen der Diagnostik oder Therapie können im Vergleich zu den bisherigen Behandlungsformen zu überlegenen Ergebnissen (bei in der Regel höheren Kosten) führen. Dann sind Studienformen zu wählen, die bei der Analyse auch den Nutzen berücksichtigen. Dazu gehören die Kosten-Nutzen-, Kosten-Wirksamkeits- und die Kosten-Nutzwert-Analyse, die in den folgenden Abschnitten erläutert werden sollen.

Der Begriff der Kosten-Nutzen-Analyse wird angewendet, wenn alle relevanten Kosten- und Nutzen-Komponenten in Geldeinheiten gegenüber gestellt werden, wodurch die Bewertungsgrößen problemlos aggregiert und verglichen werden können. Nachteilig an dieser Vorgehensweise ist, dass sämtliche Kosten- und Nutzeneffekte in Geldeinheiten bewertet werden müssen, um diese bei der Analyse mit einzubeziehen. Dies ist aber sowohl aus methodischen Gründen, als auch aus Gründen der Akzeptanz im Gesundheitswesen problematisch. Eine monetäre Bewertung so genannter intangibler Effekte, also von Behandlungswirkungen, die sich der direkten Zurechnung eines Geldbetrages entziehen (wie Lebensqualitätsverbesserungen oder Lebenszeitverlängerungen), wird dennoch von Zeit zu Zeit vorgenommen. Es kommt dann der Willingness-to-pay-Ansatz (WTP) zur Anwendung, bei dem durch direkte Befragung oder durch indirekte Messmethoden die maximale Zahlungsbereitschaft eines Individuums für das Abwenden oder die Reduktion gesundheitlicher Risiken festgestellt wird. Bei der direkten Messung der Zahlungsbereitschaft werden zu diesem Zweck bestimmte Szenarien präsentiert, bei denen ein bestimmter Gesundheitszustand beschrieben wird (z. B. die Situation, in der sich ein Diabetespatient befindet). Anschließend soll der Befragte einen Geldbetrag angeben, den er, wenn er selbst in dieser Situation wäre, maximal für eine bestimmte Gesundheitsleistung bereit wäre zu zahlen, die dazu beiträgt, dass sich der beschriebene Gesundheitszustand verbessert oder zumindest nicht verschlechtert. Neben der direkten Frage nach der Zahlungsbereitschaft sind auch so genannte Auktionsverfahren (bidding games) gebräuchlich, bei denen die Frage gestellt wird, ob die Zahlung eines bestimmten Geldbetrages für die Verbesserung der beschriebenen gesundheitlichen Situation noch akzeptabel ist. Diese Befragung wird mit verschiedenen Geldbeträgen solange durchgeführt, bis die maximale Zahlungsbereitschaft des Befragten erreicht ist.

Allerdings zahlt der Patient auf dem Markt für Gesundheitsleistungen nicht direkt an den Leistungserbringer, sondern in den meisten Fällen werden die Kosten von einem anderen Kostenträger (Versicherung oder Staat) übernommen. Deshalb sind Fragestellungen vorzuziehen, bei denen der maximale Betrag erfragt wird, den der Befragte bereit ist, als zusätzliche Versicherungsprämie zu zahlen, damit eine bestimmte Gesundheitsleistung in das Leistungspaket des Gesundheitssystems aufgenommen wird.

Weitere Probleme betreffen die Erläuterung des Gesundheitszustandes und der Gesundheitsleistung in der Fragestellung, die einerseits sehr detailliert und andererseits nicht zu verwirrend für die medizinischen Laien sein darf, und den Einfluss des Einkommens und des Vermögens der Befragten auf ihre individuelle Zahlungsbereitschaft. Probanden mit höherem Einkommen sind eher bereit und in der Lage, höhere Beträge für Gesundheitsleistungen zu zahlen. Insgesamt kann festgestellt werden, dass die direkte Messung der Zahlungsbereitschaft mittels Befragung mit der Gefahr einer ganzen Reihe möglicher Verzerrungen verbunden ist, die das Ergebnis verfälschen können. In der Praxis der gesundheitsökonomischen Evaluation stellen daher WTP-Ansätze eher eine Ausnahme dar.

Bei Kosten-Wirksamkeits-Analysen werden die Erträge anders als bei Kosten-Nutzen-Analysen nicht als monetäre Größen angegeben, sondern unterschiedlichste medizinische oder epidemiologische Outcomeeinheiten zu Grunde gelegt (z. B. zusätzliche Lebensjahre oder geringerer Bluthochdruck). Welche Ergebnisparameter im konkreten Fall angemessen sind, wird nicht ökonomisch, sondern (wie bei klinischen Studien) medizinisch vorab im Studienprotokoll bestimmt. Als Ergebnis der Kosten-Wirksamkeits-Analyse wird berechnet, wie viel beispielsweise ein zusätzlich gewonnenes Lebensjahr kostet. Im Sinne des ökonomischen Prinzips, bei gegebenem Input einen möglichst hohen Outcome zu erhalten, werden dann verschiedene Behandlungsalternativen verglichen, und diejenige Alternative mit der günstigsten Input-Output-Relation (z. B. die wenigsten Geldeinheiten pro gewonnenem Lebensjahr) wird gewählt. Üblich ist auch, Behandlungsalternativen paarweise in Kosten-Wirksamkeitsquotienten zusammenzufassen und damit so genannte inkrementelle Kosten-Wirksamkeitsquotienten (Incremental Cost-Effectiveness Ratios = ICER) zu bilden.

Bei der Kosten-Nutzwert-Analyse geht in die Ermittlung der Effektivität als Outcomegröße die Zahl der qualitätskorrigierten Lebensjahre (Quality adjusted life years = QALYs) ein, was den Vergleich von Gesundheitsleistungen auf verschiedenen Krankheitsgebieten ermöglicht. Der QALY-Ansatz verbindet eine qualitative Komponente (Lebensqualität) mit einer quantitativen Komponente (Lebenszeitverlängerung) und soll nachfolgend noch genauer erläutert werden. Wie bei Kosten-Wirksamkeits-Analysen werden Quotienten gebildet, um den Aufwand für ein solches zusätzliches QALY zu ermitteln. Grundsätzlich sind auch andere Outcomemaße möglich, die den Nutzen einer Maßnahme möglichst umfassend qualitativ und quantitativ beschreiben. International hat sich aber die Verwendung des QALY-Konzeptes für die Kosten-Nutzwert-Analyse durchgesetzt.

Zur Berechnung von QALYs wird die Wirkung einer Behandlung sowohl auf die Verlängerung der Lebenszeit (quantitative Dimension) als auch auf die Veränderung der Lebensqualität der Patienten (qualitative Dimension) einbezogen. Verlängert eine Behandlung z. B. die Restlebensdauer der Patienten durchschnittlich um vier Jahre und beträgt die Lebensqualität auf einer zwischen null (= schlechtester möglicher Gesundheitszustand) und eins (= bestmöglicher Gesundheitszustand) normierten Skala die gesamte Zeit 0,5, so betragen die qualitätskorrigierten Lebensjahre (4 x 0,5) 2 QALYs in diesen letzten vier Jahren. Ein Zuwachs an Lebensqualität von 0,5 in einem Jahr ist also ebensoviel wert wie ein Zuwachs von 0,25, wenn dieser auf den doppelten Zeitraum bezogen ist. In der Realität ist die Berechnung der QALYs aber komplexer, da die Lebensqualität nicht über mehrere Jahre konstant bleibt, sondern im Laufe der Behandlung z. B. durch eine notwendige Operation schwankt oder kontinuierlich in den Monaten vor dem Tod abnimmt. Ein theoretisch möglicher Verlauf der Lebensqualität von Patienten mit Niereninsuffizienz ist in Abbildung 2 wiedergegeben. Die Berechnung der QALYs wird hierdurch komplexer.

Abbildung 2: Ermittlung der QALYs am Beispiel der Niereninsuffizienz

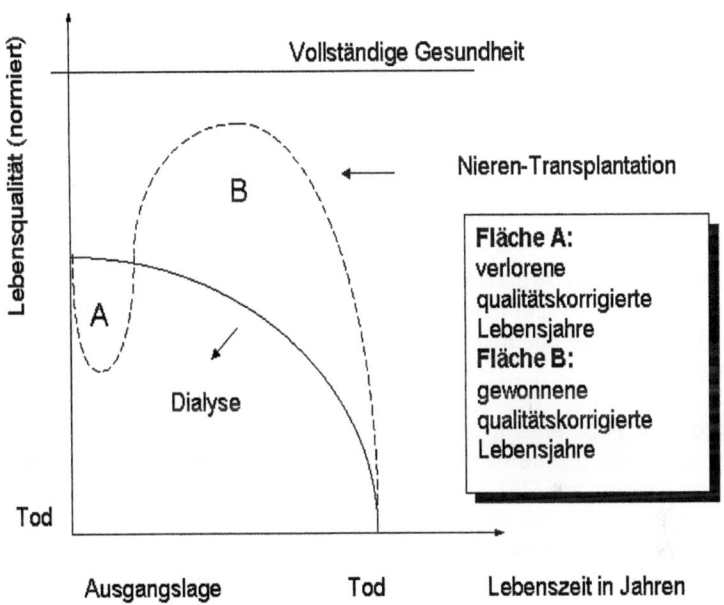

Das QALY-Konzept ergänzt die Bewertung der medizinischen Effektivität um die subjektiven Wertungen der Betroffenen selbst. Es weist jedoch eine Reihe methodischer Schwächen auf, die bei der Beurteilung von Kosten-Nutzwert-Analysen beachtet werden sollten. Dazu gehört, dass die QALY-Gewinne unabhängig vom Ausgangsniveau immer gleich gewertet werden. Das heißt, dass kein Unterschied gemacht wird zwischen dem Nutzen, den beispielsweise ein schwer erkrankter Patient mit einem Zuwachs von 0,1 QALYs erreicht, und dem Nutzenzuwachs in gleicher Höhe eines Patienten, der am Ausgangspunkt der Betrachtung bereits einen Lebensqualitätswert in Höhe von 0,9 realisiert hatte. Nach der ökonomischen Theorie wäre eher davon auszugehen, dass der Nutzen einer marginalen Veränderung des Gesundheitszustandes umso höher eingeschätzt wird, je schlechter der Gesundheitszustand des Patienten ursprünglich war.

Weitere Kritikpunkte betreffen die Berechnung der Lebensqualitätseffekte, die je nach verwendetem Instrumentarium sehr unterschiedlich ausfallen können (siehe Abschnitt 5). Somit sind dann auch die Ergebnisse der QALY-Berechnungen kaum vergleichbar. Selbst bei Verwendung eines einheitlichen Instrumentariums wie dem Time-Trade-Off-Ansatz können sich die verwendeten Szenarien, die von den Probanden bezüglich des Lebensqualitätsindexes bewertet werden, so deutlich unterscheiden, dass die Ergebnisse – streng genommen – unvergleichbar sind. Dieses Argument gilt allerdings nicht innerhalb einer Studie mit gleicher Vorgehensweise bei allen Befragten, sondern nur für den Vergleich zwischen Studien.

Aus ethischer Sicht kann man die Frage aufwerfen, ob das QALY-Konzept nicht bestimmte Personengruppen, die durch medizinische Interventionen weniger QALY-Gewinne zu erwarten haben, systematisch benachteiligt. Das gilt insbesondere für ältere Patienten, denn die Höhe der QALYs ist entscheidend auch von der jeweiligen Lebenserwartung abhängig. Dieses Argument gilt allerdings auch für andere Outcome-Parameter, die als Effektivitätskriterium herangezogen werden, wie z. B. gewonnene Lebensjahre, symptomfreie Wochen oder zusätzliche Arbeitstage.

Trotz dieser Probleme in der Vergleichbarkeit liegt es nahe, die Ergebnisse der bislang unternommenen Studien in Tabellen zusammenzufassen, die Kosten pro QALY in auf- oder absteigender Reihenfolge zu ordnen und so eine Liste nach Kosten-Effektivität der Maßnahmen zusammenzustellen. Derartige so genannte League-Tabellen (Ranglisten) werden aber kaum noch publiziert, weil damit die Gefahr verbunden ist, eine Genauigkeit vorzuspiegeln, die in der Regel nicht gegeben ist. Es ist insbesondere zweifelhaft, ob die in diesen Tabellen verwendeten Studien methodisch gleichartig und -wertig sind, denn nur dann wären sie geeignet, direkt zur Grundlage von Allokationsentscheidungen zu werden.

Um die Kosteneffektivität als Parameter in gesundheitspolitische Entscheidungen dennoch einfließen zu lassen, wird international über Schwellenwerte („Thresholds") diskutiert, die als Höchstbeträge für das Kosteneffektivitätsverhältnis nicht überschritten werden dürfen, um noch erstattet zu werden. Dieser Schwellenwert als Ausdruck der maximalen gesellschaftlichen Zahlungsbereitschaft für kosteneffektive Technologien ist wissenschaftlich nicht ableitbar, sondern müsste politisch festgestellt werden. Es gibt derzeit allerdings in keinem Land einen solchen ausdrücklich festgelegten Schwellenwert für die maximal zulässige Kosteneffektivität eines medizinischen Verfahrens. Es lässt sich allenfalls ein impliziter Schwellenwert aus den bisherigen Entscheidungen von HTA-

Institutionen berechnen, der in Großbritannien bei etwa 20.000 -30.000 GBP pro QALY liegt (Devlin & Parker 2004). Einige inkrementelle Kosten-Nutzwert-Quotienten aus aktuellen HTA-Berichten des NICE in Großbritannien sind in Tabelle 1 zusammengefasst.

Ausgewählte inkrementelle Kostennutzwertverhältnisse in HTA-Berichten des NICE

Nice Guidance Nummer	Jahr	Indikation, Technologie	Kosten pro zusätzliches QALY (in BP)
84	2004	Schwere Sepsis, Drotrecogin alfa	8.228
82	2004	Atopische Dermatitis, Tacrolimus, Kinder (Second Line)	9100
91	2005	Eierstockkrebs, Pegyliertes liposomales Doxorubicin	10.000
93	2005	Dickdarmkrebs, Oxaliplatin (Second Line)	10.000
93	2005	Dickdarmkrebs, Irinotecan	14.000
87	2005	Sekundäre Osteoporoseprophylaxe, Raloxifen (First Line)	72.000
87	2005	Sekundäre Osteoporoseprophylaxe, Teriparatid (First Line, Risiko-patienten 50 Jahre)	102.418

Quelle: Eigene Zusammenstellung nach www.nice.org.uk

3. Welche Bedeutung hat die Bewertung?

Da jede Entscheidung im ökonomischen Sinne eine Abwägung von Nutzen und Kosten ist und dies auch im Gesundheitswesen auf der Makro-, Meso- und Mikroebene der Fall ist, haben die eingesetzten Methoden und die Konventionen der Aggregation einen enormen Einfluss auf konkrete Rationierungsentscheidungen. Um hier Transparenz zu schaffen, wurde das Instrument des Health Technology Assessments entwickelt. Am Ende dieses Beitrages wollen wir uns mit diesem Instrument kurz beschäftigen.

Dieses Instrument wird speziell für den Einsatz von Arzneimitteln in der Zukunft in vielen Ländern eine große Rolle spielen. So wird es nach der Zulassung noch zu einer Prüfung der Wirtschaftlichkeit der Wirkstoffe kommen, um die Produkte auch erstattungsfähig zu machen. In Australien wurde eine derartige Regelung bereits 1993 eingeführt („Pharmaceutical Benefit Scheme", PBS). Demnach kommen auch arzneimittelrechtlich zugelassene Medikamente erst dann auf eine Positivliste erstattungsfähiger Produkte, wenn neben Wirksamkeit, Sicherheit und Qualität auch deren Wirtschaftlichkeit nachgewiesen worden ist (so genannte „Vierte Hürde"). Ähnliche Regelungen gelten mittlerweile beispielsweise in großen Teilen Kanadas (Ontario und British Columbia), in Großbritannien, Finnland, den Niederlanden und Schweden. Als sehr einflussreich gilt das National Institute for Clinical Excellence (NICE) in Großbritannien, dessen Empfehlungen vergleichsweise großen Einfluss auf das tatsächliche Versorgungsgeschehen in England und Wales haben. In Deutschland sind federführend für HTA das Deutsche Institut für Medizinische Dokumentation (DIMDI) sowie das Institut für Qualität und Wirtschaftlichkeit im Gesundheitswesen (IQWiG). Mit dem IQWiG, das nach seinem gesetzlichen Auftrag derzeit bei der Arzneimittelbewertung ausschließlich Nutzenbewertungen für den Gemeinsamen Bundesausschuss der Krankenkassen und Ärzte in Deutschland vornimmt, ist Health Technology Assessment auch im deutschen Gesundheitssystem nachhaltig etabliert worden.

Ökonomen können die fundamentalen Probleme der Bewertung von Qualität und Nutzen nur transparenter machen, aber nicht lösen. Allerdings schaffen sie mit ihren ökonomischen Evaluationsstudien eine wichtige Grundlage für rationale Entscheidungsprozesse. Gesundheitsökonomische Studien sollten zum Standardinstrumentarium bei der Entscheidungsfindung werden, ohne dass sie den Entscheidungsträgern die Entscheidung abnehmen wollen. Die steigende Bedeutung evidenzbasierter Medizin und von Health Technology Assessments (HTA) führen dazu, dass gesundheitsökonomische Aspekte bei der Beurteilung vor allem innovativer Verfahren, die am Markt eingeführt werden, gewichtiger werden.

Themenkreis 2

Qualitätswettbewerb in der Medizin

Alfred Holzgreve

Über dem 2. Themenkreis unserer diesjährigen Veranstaltung stehen zwei Leitbegriffe: Qualität und Wettbewerb. Natürlich könnten wir, vor allem als Patienten, froh sein, wenn es beim Wettbewerb in der Medizin immer nur um die Qualität ginge. Wir alle wissen aber, dass leider die Triebfedern des Wettbewerbs oft ganz woanders gesucht werden müssen.

Die Krankenhäuser müssen sich in Zukunft, ob sie wollen oder nicht, einem harten Qualitätswettbewerb stellen. Sie müssen zwar als Einrichtung nicht um ihre Existenz fürchten, wie z. B. die Kassenärztlichen Vereinigungen, über deren vollständiges Verschwinden ja gestern und heute morgen auf unserer Tagung zumindest theoretisch diskutiert wurde – ebenso wie z. B. über das vollständige Verschwinden der niedergelassenen Fachärzte in der Fläche. Krankenhäuser wird es mit Sicherheit auch in Zukunft geben, allerdings nicht mehr so viele wie heute. Zu wünschen wäre, dass die Entscheidung, ob ein Krankenhaus weiter bestehen kann oder nicht, in erster Linie in einem Qualitätswettbewerb zwischen den Häusern entschieden wird. Wobei das Haus mit der besten Qualität sicher in der Regel auch das Haus mit der besten ökonomischen Situation sein dürfte. Oder ist dies nicht so?

Vielleicht werden wir in den folgenden Vorträgen auch Antworten darauf erhalten, wie es heute eigentlich mit der medizinischen Qualität in den Krankenhäusern aussieht: Alle Mediziner behaupten, dass sie bei der Diagnostik und Therapie nach Leitlinien der Medizinischen Fachgesellschaft vorgehen. Andererseits werden immer wieder Zahlen veröffentlicht, wie gerade wieder aktuell aus den USA, die angeblich nachweisen, wie gigantisch hoch die Todesfälle von Patienten in Krankenhäusern sind, die nur durch iatrogene Fehler, also durch unnötige falsche Diagnostik und Therapiemaßnahmen ihr Leben verloren haben. Bezahlen wir in den Krankenhäusern einen Mercedes und fahren auch einen Mercedes oder bezahlen wir nur einen Mercedes und fahren einen Golf oder haben wir nur das Gefühl, dass wir einen Golf fahren? Auf all diese Fragen werden wir sicherlich gleich in der Diskussion zurückkommen.

Nach der Kaffeepause geht es dann speziell um die Wettbewerbsbeziehungen zwischen den Krankenhäusern und den Vertragsärzten. Frau Renzewitz von der DKG und Herr Köhler, der Chef der KBV, werden auch hier für eine angeregte Diskussion sorgen. Die Beziehungen zwischen den niedergelassenen Ärzten und den Krankenhäusern sind ja seit vielen Jahren ein Lieblingsthema von uns allen, und nicht wenige sehen genau in diesem nicht gut organisierten Verhältnis zwischen zwei Sektoren im deutschen Gesundheitswesen das Grundübel vieler Probleme. Ich bin sicher, dass wir heute endlich die positive Lösung in der Beziehung zwischen diesen beiden medizinischen Bereichen erfahren werden und dass uns die beiden Repräsentanten der zwei Sektoren aufzeigen werden, wie und unter welchen Voraussetzungen beide Seiten auch in Zukunft für das deutsche Gesundheitswesen gleich wichtig sind. Bezogen auf das Hauptthema unserer Sitzung ist folgende Frage interessant: Gibt es denn überhaupt einen echten Wettbewerb zwischen diesen beiden Sektoren und wenn ja, ist dieser Wettbewerb zwischen den Krankenhäusern und den Vertragsärzten etwa tatsächlich ein Wettbewerb für die bessere Qualität in der medizinischen Versorgung?

Wettbewerbsbeziehungen zwischen Krankenhäusern und Vertragsärzten

Susanne Renzewitz

Seit Jahren wird von der Politik gefordert, mehr Wettbewerb innerhalb des Gesundheitswesens zu ermöglichen. Die bisherigen gesetzlichen Bemühungen lassen aber nicht klar erkennen,

- welche konkreten Handlungsfelder wettbewerblich organisiert,
- welche Ziele verfolgt werden sollen und
- welche Maßnahmen letztlich geeignet sind, die gesetzten Ziele zu erreichen.

Begriffsbestimmung

Wettbewerbsbeziehungen zwischen Krankenhäusern und Vertragsärzten setzen voraus, dass beide Leistungsanbieter in der gleiche Sache miteinander konkurrieren. Ausgehend davon bieten sich folgende Wettbewerbsfelder für eine nähere Betrachtung an:

- Konkurrieren um die gleiche Leistung (Leistungswettbewerb)
- Konkurrieren um Verträge mit einzelnen Krankenkassen (Einzelvertragswettbewerb)

Status quo der Anknüpfungspunkte für Wettbewerbsbeziehungen zwischen Krankenhäusern und Vertragsärzten im SGB V

Modellvorhaben (§§ 63-65)
Medizinische Versorgungszentren (§ 95)
Ambulantes Operieren im Krankenhaus (§ 115b)
Ambulante Behandlung durch Krankenhausärzte (§ 116)
Ambul. Versorgung durch Krankenhäuser bei Unterversorgung (§ 116a)
Ambulante Behandlung im Krankenhaus (§ 116b)
Belegärztliche Leistungen (§ 121)
Disease-Management-Programme (§ 137 f, § 116b Abs. 1)
Integrierte Versorgung (§§ 140a-d)

Anspruch und Wirklichkeit

**Ambulante Behandlung durch Krankenhausärzte (§ 116)
Ambul. Versorgung durch Krankenhäuser bei Unterversorgung (§ 116a)**

Vom Regelungsansatz sehen beide Paragraphen eine zeitlich und inhaltlich befristete Partizipation des Krankenhausbereiches an der vertragsärztlichen Versorgung vor, und zwar explizit und ausschließlich zur Schließung von vorübergehenden Versorgungslücken. Beide Regelungen induzieren damit keinen unmittelbaren Leistungswettbewerb zwischen Krankenhäusern und Vertragsärzten. Es fehlt an der notwendigen Konkurrenzsituation. Gleichwohl hat insbesondere die Regelung des § 116a SGB V eine politische Bedeutung. Insgesamt erfolgt die Ermächtigung von Krankenhausärzten sehr restriktiv. Von der Möglichkeit der Krankenhausermächtigung zur Behebung von Unterversorgung nach § 116a SGB V ist bislang kein Gebrauch gemacht worden.

Medizinische Versorgungszentren (§ 95)

Auch bei der Regelung für medizinische Versorgungszentren handelt es sich um eine Zulassung im Rahmen der Bedarfplanung der vertragsärztlichen Versorgung. Anders als bei den vorgenannten Paragraphen 116 und 116a SGB V, eröffnet die gesetzliche Ausgestaltung aber ein sehr dynamisches Wettbewerbsfeld. Der Unterschied liegt darin, dass durch die Zulassung eines medizinischen Versorgungszentrums im Rahmen der vertragsärztlichen Bedarfsplanung eine auf Dauer angelegte Tätigkeit ermöglicht wird. Der Wettbewerb zwischen Krankenhäusern und Vertragsärzten entsteht durch den in § 95 SGB V vorgesehenen Kreis der Gründer eines MVZ. Dies können auch Krankenhausträger sein. Damit können Krankenhäuser an der vertragsärztlichen Versorgung und Vergütung partizipieren. Durch ein MVZ in Krankenhausträgerschaft besteht somit auch die Möglichkeit, den ambulant vertragsärztlichen und den stationären Leistungsbereich aus einer Hand zu organisieren.

Die Umsetzungsdynamik hängt allerdings von der Facharztdichte im jeweiligen Planungsbereich der Kassenärztlichen Vereinigungen ab. Das BMG stellt eine quartalsweise aktualisierte Übersicht zur Anzahl von medizinischen Versorgungszentren im Internet zur Verfügung, unter www.die-gesundheitsreform.de.

Danach ergibt sich mit Stand November 2005 folgender Entwicklungsstand:

KV Baden-Württemberg	5
KV Bayern	47
KV Berlin	21
KV Brandenburg	2
KV Hamburg	7
KV Hessen	19
KV Mecklenburg-Vorpommern	3
KV Niedersachsen	20
KV Westfalen-Lippe	14
KV Nordrhein	8
KV Rheinland-Pfalz	10
KV Saarland	3
KV Sachsen	23
KV Sachsen-Anhalt	6
KVV Schleswig-Holstein	7
KVV Thüringen	9
Summe	**204**

Die vom BMG veröffentlichten Angaben geben aber leider keine Auskunft über die jeweilige Trägerschaft der MVZ.

Eine Auswertung der Landeskrankenhausgesellschaft Sachsen zeigt, dass rund die Hälfte der insgesamt in diesem Bundesland gegründeten MVZ in Trägerschaft eines Krankenhauses stehen:

MVZ-Träger in Sachsen

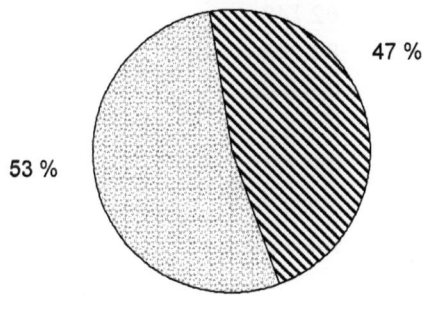

☐ Krankenhaus ▨ Niedergelassene Ärzte

(Quelle: Log-Sachsen, Stand September 2005)

In der bundesweiten Entwicklung sind Krankenhäuser als Träger medizinischer Versorgungszentren jedoch bei weitem nicht in dieser prozentualen Anzahl vertreten wie dies in Sachsen der Fall ist. Das Trägerverhältnis in Sachsen dürfte eher symptomatisch für die Strukturen in den neuen Bundesländern sein. Dort ergibt sich eine etwas komfortablere Ausgangssituation für die Gründung eines MVZ dadurch, dass bestehende Polikliniken in ein MVZ umgewandelt werden können. Im vertragsärztlichen Bereich besteht eine vergleichbare gute Ausgangslage innerhalb des gesamten Bundesgebietes durch die Möglichkeit, bestehende Praxisgemeinschaften in ein MVZ umzuwandeln.

Ambulantes Operieren (§ 115b)

Die Regelung des § 115b SGB V beschreibt einen Leistungswettbewerb zwischen Krankenhäusern und Vertragsärzten im Rahmen des dreiseitig von den Selbstverwaltungspartnern auf Bundesebene zu vereinbarenden Katalogs ambulanter Operationen und stationsersetzender Eingriffe.

Die nachstehende Tabelle zeigt anhand der GKV-Ausgaben für ambulante Operationen die Entwicklung der Umsetzung seit 1993:

Jahr	AO (außerhalb KH)	AO (im KH - §115b)
	in 1000 Euro	
1993	236.480	2.379
1994	341.589	10.760
1995	405.477	18.507
1996	452.683	29.253
1997	500.399	42.895
1998	562.481	62.748
1999	613.764	84.243
2000	665.743	105.943
2001	794.862	131.338
2002	908.912	160.152
2003	932.475	211.028
2004	936.053	357.358

Quelle: BMG

Festzustellen ist, dass der Anteil ambulanter Operationen des Krankenhauses gemessen an der Gesamtzahl ambulanter Operationen im Jahre 2004 lediglich 28 % betragen hat:

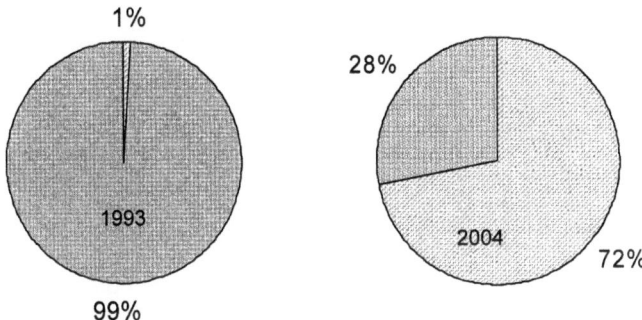

▨ AO (außerhalb KH)   ▨ AO (im KH -§115b)

Auffällig ist der Anstieg im Krankenhausbereich in den letzten zwei Jahren. Eine wesentliche Ursache dürfte in den Auswirkungen des DRG-Systems sowie der zunehmend wettbewerblichen Orientierung im Gesundheitswesen liegen.

Die Entwicklung eines Krankenhauses zu einem modernen integrierten Dienstleistungszentrum rückt verstärkt in den Fokus der strategischen Ausrichtung. Damit verbunden ist das Bemühen um eine Erweiterung und Ergänzung des traditionellen stationären Leistungsspektrums durch ambulante Tätigkeitsfelder. Eine häufig genutzte Handlungsstrategie ist die Einrichtung eines ambulanten Operationszentrums durch das Krankenhaus, in dem ambulante Operationen vom Krankenhaus, aber auch von Vertragsärzten angeboten werden.

Trotz dieser Entwicklung ist allerdings die Vergütung ambulanter Operationen ein deutlicher Kritikpunkt. Sie ist für eine ambulante Operationsleistung des Krankenhauses in Teilen geringer als für Vertragsärzte. Im vertragsärztlichen Bereich wiederum ist die Vergütungshöhe durch floatende Punktwerte unsicher. Vertragsärzte versuchen dies durch eine Vergütung außerhalb der Gesamtvergütung über Verträge nach § 73a SGB V aufzufangen. Für den Kostenträger Krankenkasse besteht kein Interesse an einem starken Anstieg von ambulanten Operationen des Krankenhauses, weil die Vergütung ad-on zur vertragsärztlichen Gesamtvergütung gezahlt werden muss.

Ambulante Behandlung im Krankenhaus (§ 116b)

Ähnlich wie beim ambulanten Operieren nach § 115b SGB V ermöglicht die Regelung des § 116b SGB V einen Leistungswettbewerb zwischen Krankenhäusern und Vertragsärzten im Rahmen eines Kataloges. Der Leistungswettbewerb ist bei § 116b SGB V allerdings gekoppelt mit dem Einzelvertragswettbewerb. Nur der Abschluss eines Vertrages mit einer Krankenkasse berechtigt das Krankenhaus zur Erbringung entsprechender ambulanter Leistungen.

In der Praxis wird § 116b SGB V bislang jedoch so gut wie nicht umgesetzt, auch wenn vereinzelt Verträge existieren. Vertragspartner sind dabei überwiegend Universitätsklinika, die bereits im Rahmen ihrer Ambulanzen entsprechende ambulante Leistungen erbringen konnten. Darüber hinaus gibt es z. B. zur Brachytherapie (Katalogleistung nach 116b Abs. 3) Vereinbarungen zur ambulanten Leistungserbringung im Rahmen eines Integrationsvertrages.

Ein zentrales Problem der Regelung des § 116b SGB V besteht in der Finanzierung. Die mit einem Krankenhaus vertraglich vereinbarten ambulanten Leistungen werden von der Krankenkasse unmittelbar gezahlt und nicht aus der vertragsärztlichen Gesamtvergütung. Welches Interesse hat folglich eine Krankenkasse, Verträge abzuschließen, wenn die Vergütung der Leistungen bereits in der vertragsärztlichen Gesamtvergütung „ausgegeben" ist und von der Krankenkasse an das Krankenhaus zusätzlich gezahlt werden muss?

Disease-Management-Programme (§ 137 f, § 116b Abs. 1)

Disease-Management-Programme haben gemessen an der Zahl abgeschlossener Verträge eine große Umsetzungsdynamik. Dies liegt in erster Linie darin begründet, dass es sich hierbei primär um ein Instrument des Kassenwettbewerbes handelt und die Programme im Rahmen des Risikostrukturausgleiches berücksichtigt werden. Disease-Management-Programme haben aber auch eine wettbewerbliche Wirkung auf die Leistungserbringer, da zur Durchführung der Programme Verträge mit geeigneten Leistungserbringern abzuschließen sind. Dabei können nach § 116b Absatz 1 SGB V auch ambulante Leistungen des Krankenhauses vertraglich vereinbart werden.

Zulassungsstand DMP beim BVA, Stichtag 02.09.2005:

Diabetes Typ 2	3.081 Programme
Brustkrebs	1.464 Programme
KHK	504 Programme

Integrierte Versorgung (§§ 140a-d)

Die integrierte Versorgung stellt im Gegensatz zu den vorgenannten Beispielen ein völlig neues und eigenständiges Instrument dar. Sie ermöglicht einen Wettbewerb um die bessere Organisation einer sektorübergreifenden oder interdisziplinär-fachübergreifenden Versorgung außerhalb der traditionellen Leistungssektoren. Entscheidend ist die nach § 140d SGB V bis 31.12.2006 vorgesehene Anschubfinanzierung der Integrationsversorgung. Hierdurch ist ein eigener befristeter Finanztopf für diesen Versorgungstyp geschaffen worden.

Die Zahl der Vertragsabschlüsse steigt seit 2004 kontinuierlich. Zum Jahresende 2004 war von über 300 Integrationsverträgen auszugehen. Im April 2005 veröffentlichte die Registrierungsstelle erstmals Zahlen über dort vorliegende Meldungen. Danach waren Ende des 1. Quartals 613, Ende des 2. Quartals 841 und Ende des 3. Quartals 1.407 Integrationsverträge registriert:

	Verträge	Versicherte in Mio.	Vergütungsvolumen in Mio. EUR
1. Quartal	643	2,1	254,7
2. Quartal	877	2,3	296,5
3. Quartal	1.407	2,8	375,4

Krankenhäuser sind in rund 75% der gemeldeten Verträge einer der Vertragspartner auf Seiten der Leistungsanbieter. Ein Drittel der gemeldeten Verträge sind ausschließlich mit Krankenhäusern geschlossen worden.

Zur Finanzierung der integrierten Versorgungsverträge stehen nach § 140 d SGB V in den Jahren 2004 bis 2006 jährlich insgesamt maximal 680 Mio. Euro zur Verfügung (220 Mio. aus der vertragsärztlichen Gesamtvergütung und 460 Mio. aus der stationären Versorgung). Zum Stichtag 30.09.2005 umfasste das angegebene Vergütungsvolumen der bei der Registrierungsstelle gemeldeten Verträge 375 Mio. Euro.

Die Auswertungen der Registrierungsstelle erfolgen quartalsweise und können abgerufen werden unter: www.bqs-register140d.de

Durch die Veröffentlichungen der Registrierungsstelle wird neben dem Nachweis abgeschlossener Integrationsverträge auch dem Interesse nachgekommen, Informationen über Anzahl, Beteiligte und Reichweite von Verträgen zu erhalten. Eine Ergänzung der Auswertung um Angaben zu Leistungsbereichen und Indikationen, die Gegenstand der Integrationsverträge sind, wäre wünschenswert. Derzeit kann lediglich anhand von publizierten Einzelbeispielen davon ausgegangen werden, dass die Zahl der Verträge mit komplexeren Versorgungsinhalten zum Beispiel in den Bereichen Kardiologie, Onkologie oder Palliativmedizin tendenziell steigt.

Die weiten Handlungs- und Gestaltungsmöglichkeiten sind für Krankenhäuser im DRG-Zeitalter als eine große Chance zu sehen, neue Strukturen strategisch zu nutzen und neue Tätigkeitsfelder zu erschließen. Die hohe Beteiligung der Krankenhäuser an bislang abgeschlossenen Integrationsverträgen spricht hier für sich. Allerdings erzeugt die Integrationsversorgung keinen Leistungswettbewerb zwischen den Sektoren. Vielmehr wird an der sektoralen Strukturierung festgehalten.

Zwischenbilanz

1. **Nicht alle gesetzlichen Anknüpfungspunkte induzieren tatsächlich Wettbewerbsbeziehungen.**

Potenziale für Wettbewerbsbeziehungen zwischen Krankenhäusern und Vertragsärzten liegen lediglich in:
§ 95
§ 115b
§ 116b
§ 140a ff.

2. **Instrumente, die Wettbewerbsbeziehungen zwischen Krankenhäusern und Vertragsärzten generieren, haben keinen gemeinsamen ordnungspolitischen Nenner.**

- Leistungen innerhalb oder außerhalb des Sicherstellungsauftrags
- Leistungen im Rahmen von Einzelverträgen oder Kollektivverträgen
- Vergütung nach EBM, DRG oder individuell vereinbar Finanzierung additiv oder substitutiv.

3. **Die Wettbewerbsbeziehungen wirken nicht sektordurchbrechend.**

- Die Wettbewerbsansätze bleiben in der Logik der abgeschirmten Systeme stecken.
- Das Neben- und teilweise sogar Gegeneinander der jeweils nur für bestimmte Teile der Gesamtversorgung zuständigen Leistungsanbieter bleibt im Kern unangetastet.

Voraussetzungen für echte Wettbewerbsbeziehungen zwischen Krankenhäusern und Vertragsärzten

Empfehlungen des Sachverständigenrates 2005:

- Die Defizite einer schwachen Innovationsfähigkeit und der unbefriedigenden Qualitätssicherung könnten durch eine Stärkung wettbewerblicher Elemente behoben werden.
- Eine Zunahme integrierter Versorgung könnte dabei den notwendigen Qualitätswettbewerb beflügeln. Hierbei sollte der Markt für neue Anbieter geöffnet werden. Das heißt: Auch Anbieter (z. B. Krankenhäuser), die derzeit über keine Zulassung verfügen, sollten daran teilnehmen können.
- Auch wenn der Anteil dieses innovativen und qualitätsorientierten Wettbewerbes nur einen Anteil von ca. 5 % des ambulanten und stationären Sektors erreichen würde, wären positive Wirkungen auf das gesamte System zu erwarten.

Vorschläge aus Krankenhaussicht

Ausbau der integrierten Versorgung zu einem echten Wettbewerbsinstrument

- Aufhebung der sektoralen Strukturierung

Leistungswettbewerb und innovative Versorgungsstrukturen setzen die Öffnung der Sektoren voraus. In der Integrationsversorgung muss die Berechtigung zur Leistungserbringung unabhängig vom jeweiligen Ermächtigungsstatus unmittelbar durch Vertragsabschluss ermöglicht werden.

Die Regelung des § 140a Abs. 4 Satz 3 SGB V behindert diesen Wettbewerb. Danach sollen in der Integrationsversorgung nur solche Leistungen vereinbart werden können, für die einer der Vertragspartner auch einen Zulassungsstatus hat. Die Vertragspartner sollen sich lediglich innerhalb eines Integrationsvertrages darüber verständigen können, wer welche der vereinbarten Leistungen erbringen soll. Soweit ein Krankenhaus nicht über einen ambulanten Leistungsberechtigung verfügt, muss als Voraussetzung für eine ambulante Tätigkeit einer der anderen Vertragspartner einen ambulanten Zulassungsstatus in die integrierte Versorgung einbringen. Es liegt auf der Hand, dass ein zugelassener Vertragsarzt im Rahmen eines Integrationsvertrages nicht zustimmen wird, dass seine Leistungen von einem anderen Vertragspartner, sprich von einem Krankenhaus erbracht werden.

- Sicherstellung der Finanzierung

Den eigenen Finanzierungstopf in Form der Anschubfinanzierung, der nichts anderes als ein weiteres Budget ist, bräuchte es nicht, wenn in allen Bereichen das Geld ungehindert der Leistung folgen könnte. Das geht nur, wenn die Budgetierung der niedergelassenen Ärzte abgeschafft bzw. deutlich gelockert wird.

Im Krankenhausbereich gibt es zum einen kein Landesbudget und auch für das einzelne Krankenhaus gilt, dass mit der Abwanderung von Leistungen auch weniger Geld ins Krankenhaus fließt.

Umbau der Regelung des § 116b

1. Möglichkeit: Schaffung einer Finanzierungsgrundlage im Rahmen des § 116b
2. Möglichkeit: Änderung des ordnungspolitischen Ansatzes

Eine Änderung des ordnungspolitischen Ansatzes wäre dahingehend zu diskutieren, ob und inwieweit das Instrument des Einzelvertragswettbewerbs geeignet ist, eine qualitativ bessere und/oder durchgängige Versorgung der Versicherten zu erreichen. Grundsätzlich sollte jeder Versicherte, der einer hochspezialisierten Behandlung bedarf oder an einer seltenen Erkrankung leidet, unabhängig von der gewählten Krankenkasse eine gleich gute Versorgung erhalten. Darüber hinaus schränkt der Tatbestand „hochspezialisierte Leistungen und seltene Erkrankungen" den Kreis potenzieller Krankenhäuser ein, die überhaupt an einem Vertragswettbewerb teilnehmen können. Bietet zudem eine Kasse einen innovativen Vertrag an, besteht die Gefahr eines Anstiegs der schlechten

Risiken bei dieser durch Kassenwechsel. Schließlich sind bei seltenen Erkrankungen die Fallzahlen bezogen auf eine Krankenkasse in der Regel eher gering. Eine folgerichtige Neuordnung der Tatbestände des § 116b SGB V wäre daher, die hochspezialisierten Leistungen und seltenen Erkrankungen in die Systematik des § 115b SGB V zu überführen. Krankenhäuser, die die erforderlichen Voraussetzungen für die Behandlung haben, hätten dann einen gesetzlichen Zulassungsanspruch zur ambulanten Leistungserbringung.

Wettbewerbsbeziehungen zwischen Krankenhäusern und Vertragsärzten

Andreas Köhler

Als ich mir den Titel dieses Blocks bei den diesjährigen Bad Orber Gesprächen genauer angeschaut habe, habe ich mich zunächst gefragt: Was sind denn „Wettbewerbsbeziehungen"? Ich habe das Wort weder im Duden noch im Wahrig gefunden. Was also ist damit gemeint? Natürlich stehen Wettbewerber miteinander in einer Beziehung. Sie sind Konkurrenten um Marktanteile bei bestimmten Produkten oder Dienstleistungen. Gefunden habe ich dann doch noch eine Definition, die ich sehr interessant fand: Kooperative Wettbewerbsbeziehungen sind eine immer häufiger auftretende Form von interorganisatorischen Beziehungen, bei denen Käufer, Lieferant und/oder Partner gleichzeitig auch als Konkurrent auftritt.

Auf den Gesundheitsbereich und die Wettbewerbsbeziehungen zwischen Krankenhäusern und Vertragsärzten übertragen heißt das, dass beide miteinander konkurrieren, aber gleichzeitig auch Partner und „Lieferant" sind. Das trifft es ziemlich genau, denn auch wenn der stationäre und der ambulante Sektor um Marktanteile kämpfen, arbeiten sie doch als Partner in der Patientenversorgung eng zusammen, sind Partner in der gemeinsamen Selbstverwaltung und sind auch „Lieferanten" – in dem Sinne, dass Vertragsärzte Patienten in eine stationäre Behandlung einweisen; ebenso müssen Krankenhäuser auf die prä- und poststationäre Versorgung ihrer Patienten vertrauen können.

Das Beziehungsgeflecht ist komplex. Es gibt einige Bereiche, in denen keine Konkurrenzsituation vorhanden ist. Bestimmte medizinische Behandlungen können aufgrund ihrer Schwere und Gefahr nur stationär erbracht werden. Eine hausärztliche Versorgung ist eindeutig nur ambulant zu erbringen. Die Schnittstellen liegen in der spezialisierten fachärztlichen Behandlung. Genau da ist die Konkurrenzsituation vorhanden, und sie verschärft sich. Denn der Druck auf beide Sektoren nimmt zu. Die Umstellung der Vergütungssystematik im Krankenhaus auf DRGs zwingt die Kliniken trotz Konvergenzphase, sich neu zu positionieren. Gelingt das nicht, stehen eine ganze Reihe von Krankenhäusern vor dem wirtschaftlichen Aus. Genauso prekär sieht die Situation in der vertragsärztlichen Versorgung aus: die strikte Budgetierung bei gleichzeitiger Leistungszunahme durch immer mehr chronisch Kranke und die Leistungsverlagerung aus dem stationären Bereich bedeuten mehr Arbeit bei weniger Geld für die durchschnittliche Vertragsarztpraxis. Jeder ist also zunächst bestrebt, in den Gefilden des anderen zu wildern, um wegbrechende Erlöse zu kompensieren.

Die Deutsche Krankenhausgesellschaft als Interessenvertretung der Krankenhäuser versucht deshalb auch, mit allen ihr zur Verfügung stehenden Mitteln, eine weitere Öffnung der Krankenhäuser für die ambulante Behandlung zu fördern. Vor allem will sie alle Verhandlungen mit den Krankenkassen über die wichtigen Schnittstellen – ambulantes Operieren nach § 115b SGB V und ambulante Leistungen am Krankenhaus nach § 116b SGB V – zukünftig nicht mehr dreiseitig, sondern nur noch zweiseitig führen. Gleichzeitig wird eine Bereinigungsregelung für Leistungen nach 116b gefordert. Und nicht zuletzt hat sie weitgehend erfolgreich verhindert, dass in der Verfahrensordnung des Gemeinsamen Bundesausschusses gleiche Bewertungskriterien zur Einführung neuer Behandlungs- und Untersuchungsmethoden für beide Sektoren gelten.

Diese kurze Aufzählung zeigt schon: Konfliktpunkte gibt es derzeit mehr als genug. Sie müssen aber meines Erachtens ausgeräumt werden, denn die Konfrontation beider Sektoren nutzt dauerhaft niemanden: weder den Krankenhäusern noch den Vertragsärzten und schon gar nicht den Patienten. Wir sollten gemeinsam die neuen Chancen nutzen, um die bisherigen Defizite unseres Systems abzubauen und Patientenorientierung wirklich in den Mittelpunkt stellen. Damit können knappe Ressourcen effizienter genutzt und Behandlungen besser strukturiert werden.

Und es gilt noch eine weitere, rasant voranschreitende Entwicklung zu beleuchten: Immer mehr Gesundheitskonzerne entstehen, die Klinikketten aufbauen oder aufkaufen und medizinische Versorgungszentren an diese Häuser andocken. Nach dem Prinzip „alles unter einem Konzerndach" wird die Verzahnung vorangetrieben. Da wird viel investiert. Konzerne haben aber vor allem eins: die Absicht, Gewinne zu erzielen und den share-holder-value zu steigern. Das alleine ist nicht verwerflich. Wenn es über die damit verbundene „Industrialisierung der Gesundheitswirtschaft" gelingt, die Effizienz zu steigern, die Qualität zu halten oder zu verbessern und attraktive Angebote für Patienten und Ärzte zu machen, wäre es für das System gut. Das Problem dabei wird sein: Wer wird die Fläche bedienen, die unattraktiven Standorte? Denn wer auf Gewinn ausgerichtet ist, kann es sich gar nicht leisten, auf Flächendeckung und Sicherstellung zu achten. Der wird nur das machen, was sich für ihn rechnet. Hinzu kommt, dass es mit der Ökonomisierung in solchen Gesundheitskonzernen voraussichtlich dazu kommen wird, dass medizinische Belange von wirtschaftlichen Erwägungen überlagert werden und damit langfristig die Qualität und die Intensität der Behandlung sinkt.

Wenn wir eine qualitativ hochwertige, flächendeckende und für jeden erreichbare sowie bezahlbare Versorgung sowohl ambulant als auch stationär dauerhaft sicherstellen wollen, dürfen wir diesen Gesundheitskonzernen das Feld nicht überlassen. Wir müssen attraktive Gegenangebote machen.

Dazu bieten die neuen Versorgungsformen auch Chancen. In Integrationsverträgen kann das für spezielle Leistungen oder bestimmte Erkrankungen sehr gut funktionieren, sofern Krankenhäuser und Vertragsärzte gleichberechtigt beteiligt sind. Mit den neuen gesetzlichen Grundlagen sollte die sektorübergreifende Versorgung der Patienten erleichtert bzw. verbessert werden. Integrationsverträge gibt es eine Menge; aber nur ein relativ kleiner Teil davon – und der ist erst in den letzten Monaten vereinbart worden – hat wirklich eine qualitativ hochwertige sektorübergreifende Verbesserung der Patientenversorgung im Blick. Mit Verträgen, die früher unter anderem Namen schon gelaufen sind, mit Schnellschüssen, die nur das Geld aus der Anschubfinanzierung holen sollen, ist niemandem gedient. Hinzu kommt, dass gerade das Merkmal sektorübergreifend nicht immer erfüllt ist: Es gibt viele Verträge, die fast ausschließlich im Krankenhaus angesiedelt sind, es gibt Verträge – das bekannteste Beispiel ist der mengenmäßig bedeutsamste und häufig diskutierte Vertrag der Barmer Ersatzkasse – die ausschließlich ambulant laufen, und deren fachübergreifendes Element man suchen muss.

Ob das Ziel der besseren Kooperation der Sektoren untereinander mit dem Mittel der Integrationsverträge dauerhaft und sinnvoll erreicht werden kann, ist für mich daher noch die Frage. Immerhin: Es gibt Anstöße, die in die richtige Richtung zeigen. Eine flächendeckende Verbesserung der Kooperation bietet das aber nach Ansicht der KBV nicht. Da gäbe es bessere Möglichkeiten. Die KBV hat dazu eine Gesetzesinitiative gestartet. Wir wollen, dass auch Integrationsverträge unter Einbeziehung der Krankenhäuser kollektivvertraglich gestaltet werden können. Und zwar zwischen KVen und einzelnen Krankenkassen oder Krankenkassenverbänden. Die greifbaren Vorteile gegenüber den Integrationsverträgen nach § 140 SGB V liegen auf der Hand: keine Bereinigung und eine schnelle und sinnvolle Umsetzung sowie eine konsequente und fundierte Ausrichtung der Verträge auf die Patienten. Der Wettbewerb der Vertragssysteme (kollektivvertraglich gegen einzelvertraglich) könnte damit gleichberechtigt eingeführt werden.

Auch die Abwicklung dieser Verträge wäre viel einfacher: Die Abrechnungen könnten über die KVen laufen, Qualitätsvoraussetzungen und -prüfungen ebenfalls. Damit wären eine einfache Handhabung, wenig Bürokratie und eine gesicherte Qualität garantiert was man von vielen der derzeitigen Integrationsverträge, soweit wir deren Inhalte kennen, nicht sagen kann.

Zum anderen sollte der Wettbewerb durch Einzelverträge angekurbelt werden. Das gelingt auch. Ob allerdings diese Art von Wettbewerb den gewünschten Effekt erzielt, ist mehr als fraglich. Denn: Die Zersplitterung der Vertragslandschaft führt zu einer Unübersichtlichkeit für die Versicherten, das Vertragsmanagement ist für alle Beteiligten aufwändig und teuer. Außerdem höhlen die Einzelverträge den Kollektivvertrag aus und können damit die flächendeckende Versorgung der nicht eingeschriebenen Patienten gefährden.

Das dritte Ziel war mehr Wirtschaftlichkeit in der Versorgung. Auch das Erreichen dieses Ziels ist fraglich, denn die gezahlten Boni müssen refinanziert werden, die Kosten, die durch vermehrte Bürokratie entstehen ebenfalls. Eine zielgenauere Versorgung der Patienten ist sicher erstrebenswert, aber mit anderen Mitteln – vor allem den Zusatzverträgen zu den Kollektivverträgen – einfacher und besser zu erreichen.

Aber um neue Wege zu erproben, muss erst einmal ein Anfang gemacht werden. Das gilt auch für die Integrierte Versorgung. Dort, wo es gelungen ist, sinnvolle und qualitativ hochwertige Verträge für bestimmte Behandlungspfade abzuschließen, befinden wir uns auf dem richtigen Weg. Solche Verträge begrüßen und unterstützen wir. Denn die Kooperation, die Vereinbarung sinnvoller Patientenpfade über die Sektorgrenzen hinweg, hat – da müssen wir alle uns an die eigene Nase fassen – Lücken. Durch die Abschottung der Sektoren aufgrund der strikt getrennten Budgets ist die Kooperation zwischen stationär und ambulant an den Schnittstellen nicht optimal im Patienteninteresse geregelt. An dieser Stelle anzusetzen ist sinnvoll. Mehr Patientenorientierung, mehr Kooperationen könnte Verbesserungen bringen, ohne Mehrkosten zu verursachen. Durch die in solchen Verträgen möglichen Anreize, durch die gesetzlich eingeräumten Freiheiten, von Vorschriften des Sozialgesetzbuches abzuweichen, kann es durchaus gelingen, den Patienten optimaler zu versorgen. Die Weichenstellung für weniger Bürokratie muss allerdings auch da noch erfolgen.

Angesichts der knappen Ressourcen ist es dringend notwendig zu wissen, wie erfolgreich Integrationsverträge sind. Dazu brauchen wir die Evaluation der out-comes. Nicht nur, weil die Refinanzierung der Boni nachgewiesen werden muss. Wie brauchen die Evaluation vor allem, um mögliche Verbesserungen im Interesse der Patienten zu identifizieren, um daraus Lehren für andere Verträge und Vertragsbereiche zu ziehen. Denn der hohe administrative und finanzielle Aufwand für Integrationsversorgung ist nur dann dauerhaft zu verantworten, wenn durch eine bessere Ausrichtung der Versorgungsstrukturen auf bestimmte Patientengruppen diese spürbare Vorteile haben.

Die KBV wendet sich nicht gegen integrierte Versorgung. Wir fragen nur sehr genau: Wem nützt es? Den Patienten, den Anbietern, den Krankenkassen? Der Politik? Diese Fragen müssen beantwortet werden. Wenn die Antwort lautet: den Patienten, muss weiter gefragt werden: welchen Patienten? Nur denjenigen, die sich aufgrund ihrer Erkrankung für eine Integrationsversorgung eignen und die sich dafür entscheiden teilzunehmen? Auch das wäre in Ordnung, solange damit den anderen Patienten nicht geschadet wird, etwa durch eine Leistungsverlagerung. Es wäre auch in Ordnung wenn den Patienten und den Versicherten Nutzen entstünde, oder den Patienten und den Anbietern. Wenn zwei Gruppen davon profitieren, umso besser. Nur eines darf nicht passieren: Es nutzt den Patienten nicht, kostet Geld und einige wenige Anbieter oder Kassen profitieren davon.

Deswegen werden wir auch nicht nachlassen, die Offenlegung der Verträge zu fordern. Nur wenn die Abzüge für die Anschubfinanzierung nachvollziehbar kontrolliert werden können, wenn sie den Patienten zugute kommen, können alle Beteiligte den Aderlass in der sowieso völlig unterfinanzierten Regelversorgung rechtfertigen.

Im Übrigen darf man bei der Beleuchtung der Beziehungen zwischen Krankenhaus und Vertragsärzten auch das Bewährte nicht aus dem Blick verlieren. Wir haben ein hoch erfolgreiches Belegarztsystem. Rund 6.500 belegärztlich tätige Fachärzte ergänzen die Angebotspalette in Krankenhäusern. Umgekehrt erbringen ca. 10.000 ermächtigte Krankenhausärzte ambulante Leistungen. So werden Engpässe vermieden oder gemildert und vor allem im hochspezialisierten fachärztlichen Bereich Synergieeffekte genutzt. Für Patienten ist dies die Gewähr für eine durchgängige Behandlung ihres jeweiligen Problems ohne Brüche. Beide Konzepte sind sehr sinnvoll und sollten auf jeden Fall weiter gefördert werden. Dies gilt auch für Konsiliarien.

Der Auf- und Ausbau von medizinischen Versorgungszentren spielt in den Beziehungen zwischen Krankenhaus und Vertragsärzten ebenfalls eine große Rolle. Denn MVZ werden zunehmend auch von Krankenhäusern gegründet und getragen. Sie arbeiten aber nach den Prinzipien des

Vertragsarztrechts, die Ärzte in den MVZ sind automatisch auch Mitglieder der KVen. Dabei können sie weiterhin freiberuflich tätig sein oder angestellt. MVZ-Ärzte haben oft andere Probleme und Interessen als niedergelassene Vertragsärzte und brauchen ebenfalls eine gute, wirksame Interessenvertretung. Diese werden KVen und KBV auch bereitstellen. Auch das wird das Verhältnis der Organisationen zueinander verändern: Die Schnittstellen werden größer, die Gemeinsamkeiten ebenfalls. Gute Interessenvertretung für diese Mitgliedergruppe setzt auch voraus, dass KVen und KBV enger als bisher mit Krankenhäusern kooperieren. Und das werden wir tun.

Wir werden allerdings auch weiterhin mit Vehemenz gleiche Wettbewerbschancen für Vertragsärzte und Krankenhäuser einfordern. Unabdingbare Voraussetzung dafür ist, dass die vertragsärztliche Versorgung endlich angemessen und in festen Preisen vergütet wird. Wettbewerb kann sich doch nur dann sinnvoll und zielgerichtet entwickeln, wenn echte Transparenz über die Qualität und den Preis der Leistung besteht. Dazu brauchen wir eine völlige Veränderung des derzeit bestehenden Vergütungssystems. Ohne jetzt auf die Details eingehen zu wollen, das Ziel ist eine Vertragsgebührenordnung, die gegenüber Patienten echte Transparenz schafft und Planungssicherheit für Vertragsärzte gewährleistet.

Ebenso wichtig ist, dass in einem zunehmenden Wettbewerb die gebotene Qualität transparent gemacht wird. Und es müssen für vergleichbare Leistungen gleiche Qualitätsstandards gelten. Da haben wir noch Nachholbedarf, denn die Voraussetzungen für Vertragsärzte und Kliniken sind noch sehr unterschiedlich.

Der zunehmende Wettbewerb im Gesundheitswesen und der zunehmende finanzielle Druck erfordern neue Konzepte, auch in der Zusammenarbeit von Vertragsärzten und Krankenhäusern. Unter Beachtung des Prinzips „Soviel ambulant wie möglich, so viel stationär wie nötig" sollten partnerschaftliche Kooperationsformen verstärkt werden. Das liegt im Interesse der Patienten und des Systems. Damit können wir die Arbeitsbedingungen für Ärzte verbessern, die Patientenversorgung optimieren und das System dauerhaft stabilisieren. Das wollen wir doch schließlich alle.

Themenkreis 3

Zur Problematik einer zentralen Qualitäts- und Nutzenbewertung bei Arzneimitteln

Dieter Cassel

Bitte erlauben Sie mir, zur Einstimmung auf den letzten Themenkreis der diesjährigen Bad Orber Gespräche einige Bemerkungen aus ökonomischer Sicht, nachdem bisher die medizinische Perspektive naturgemäß im Vordergrund stand und mit drei von vier Referaten auch heute morgen dominieren wird. Die Qualitäts- und Nutzenbewertung von Arzneimitteln ist ja in den letzten Jahren vor allem deshalb zu einem heiß diskutierten Thema avanciert, weil die Arzneimittelausgaben absolut und relativ stark gestiegen sind und das GKV-Budget zunehmend belasten. Es stellt sich deshalb die Frage, ob mit dieser Entwicklung auch eine entsprechende Verbesserung der medizinischen Versorgungsqualität und letztlich des Patientennutzens einhergeht oder nicht. Im letzteren Falle würden Mehrausgaben für Arzneimittel ungerechtfertigt erscheinen und die Gesundheitspolitik mit ihrem reichlich bestückten Arsenal von Instrumenten zur Kostendämpfung auf den Plan rufen, deren Einsatz unweigerlich die Erlös- und Gewinnchancen der pharmazeutischen Industrie am Standort Deutschland mindern würde. Die Qualitäts- und Nutzenbewertung von Arzneimitteln steht somit im Spannungsfeld von Gesundheits- und Industriepolitik und hat je nach Art der Durchführung nicht unbeachtliche einzel- und gesamtwirtschaftliche Konsequenzen.

Die Arzneimittelhersteller, insbesondere die forschenden, bilden einen international aufgestellten Industriezweig mit hohem Wertschöpfungsanteil, qualitativ hochwertigen Arbeitsplätzen und vielfältigen Verflechtungen mit anderen Hochtechnologiebranchen und Forschungseinrichtungen. Sie erforschen, entwickeln und vermarkten mit ihren Produkten so genannte „Vertrauensgüter", die nicht ohne Weiteres und schon gar nicht von einzelnen Ärzten oder Patienten vor der Anwendung auf ihren spezifischen Nutzen hin beurteilt werden können. Dies gilt in besonderem Maße für neu zugelassene und erstmals ausgebotene Arzneimittel („ökonomische Innovationen"). Für sie wurde bis dahin nur die „Efficacy", d. h. die medizinische Wirksamkeit, Qualität und Unbedenklichkeit unter idealen klinischen Versuchsbedingungen (so genannte „1. - 3. Hürde") nachgewiesen, nicht aber unter Alltagsbedingungen und auch nicht im Vergleich zu anderen Präparaten für dieselbe Indikation oder gar andersartigen Therapiekonzepten. Insofern bleibt es vielfach für die pharmazeutischen Hersteller und Anwender eine offene Frage, ob ein neu in

Verkehr gebrachtes Arzneimittel auch eine „medizinische Innovation" ist und wie hoch der Zusatznutzen gegenüber bereits eingeführten Präparaten und Konzepten ist. Hieraus resultiert für den Arzneimittelinnovator ein erhebliches finanzielles Risiko, sind doch die Forschungs-, Entwicklungs- und Zulassungskosten für ein neues Arzneimittel mit über 800 Mio. US-Dollar (2001; VFA Statistics 2005) beträchtlich. Darüber hinaus hängt dessen Markterfolg u. a. wesentlich vom entstehenden therapeutischen Zusatznutzen aus der Sicht von Ärzten und Patienten ab. Von daher muss die Arzneimittelindustrie ein vitales Interesse an einer validen und zügigen Nutzenbewertung ihrer Produkte haben, die nach Lage der Dinge jedoch erst in der Post-Market-Phase auf Grund von vergleichenden Ergebnisstudien zur Wirkungsweise eines Arzneimittels unter medizinischen Alltagsbedingungen („Effectiveness") möglich ist. Ihre sachgerechte Gestaltung hinsichtlich Zielsetzung, Bewertungsmaßstäben, Ablauf und nicht zuletzt der Beteiligten gehört deshalb zu den notwendigen Rahmenbedingungen für eine prosperierende und innovative Arzneimittelindustrie am Standort Deutschland. Dies ist die industriepolitische Perspektive.

Gesundheitspolitisch besteht hierin insoweit eine Interessenidentität, als die Patienten und ihre behandelnden Ärzte eine qualitativ hochwertige, dem internationalen Standard entsprechende Arzneimittelversorgung, verbunden mit einem möglichst raschen und unbegrenzten Zugriff auf medizinisch innovative Präparate und Therapiekonzepte wünschen. Diese Wünsche zu erfüllen, setzt voraus, dass alljährlich ein breiter Strom von neuen Arzneimitteln ausgeboten und zur Beförderung der Marktdiffusion von der GKV auch erstattet wird. Ihre Erforschung und Entwicklung verursacht freilich beträchtliche, nicht mehr für alternative Zwecke einsetzbare versunkene Kosten („Sunk Costs"). Die pharmazeutischen Hersteller werden verständlicherweise versuchen, ihre Kosten durch das Setzen hoher Einführungspreise für ihre patentgeschützten Innovationen wieder hereinzuspielen – und dies weitgehend unabhängig davon, wie hoch deren medizinischer Zusatznutzen ist bzw. wie hoch er sich bei verbreiteter Anwendung letztlich herausstellen wird. Daraus resultiert aber eine spezifische Beschleunigung der Ausgabenexpansion bei den erstattungsfähigen Arzneimitteln, die als „Strukturkomponente" allenthalben beklagt wird: nämlich der Sachverhalt, dass bei insgesamt sinkendem Verordnungsvolumen und Arzneimittelpreisniveau die Verschreibung patentgeschützter, hochpreisiger und der Festbetragsregelung nicht unterworfener Präparate in den letzten zehn Jahren unverhältnismäßig stark zugenommen hat. Gesundheitspolitisch akzeptabel und letztlich im wohlverstandenen Interesse der Patienten wäre die Strukturkomponente der Ausgabendynamik aber nur dann, wenn man sicher sein könnte, dass die statt der bewährten und preiswerteren Medikamente verordneten neuen Präparate auch wirklich ihr Geld wert sind. Um dies festzustellen, dürfte man jedoch nicht bei der reinen Nutzenbewertung stehen bleiben, sondern müsste zu einer Kosten-Nutzen- bzw. Kosten-Wirksamkeits-Analyse übergehen, die den Nachweis der Kosteneffizienz („Efficiency") eines Arzneimittels im Vergleich zu alternativ anwendbaren Präparaten und Therapiekonzepten zum Ziel hätte. Als generelles Kriterium für die Erstattungsfähigkeit von Arzneimitteln eingeführt, wäre der verpflichtende Nachweis der Kosteneffizienz über den Nachweis von Wirksamkeit, Qualität und Unbedenklichkeit als den drei bisherigen Zulassungshürden hinaus eine „4. Hürde", die Arzneimittelinnovationen auf dem GKV-Markt zu überwinden hätten.

Die Spreu der „Scheininnovationen" (Analog- bzw. Me-too-Präparate) vom Weizen der „echten Innovationen" (Innovationen mit neuartigen Wirkprinzipien oder verbesserter pharmakologischer Qualität) mit Hilfe der Nutzenbewertung oder der Kosten-Nutzen-Analyse zu trennen und damit zugleich einen wirksamen Beitrag zur Kostendämpfung im Arzneimittelbereich zu leisten, muss jedoch ein nur bedingt erfüllbarer Wunsch bleiben. Denn die Patienten als Letztverbraucher und „Prinzipale", denen die Bewertungskompetenz in einer freiheitlichen Wirtschafts- und Gesellschaftsordnung letztlich zukäme, haben weder die Informationen dazu noch spielt ihre Zahlungsbereitschaft für die versicherten Gesundheitsleistungen eine Rolle. Auch der Arzt als Verschreiber und „Behandlungsagent" seiner Patienten ist aus mangelnder Motivation an einer wirtschaftlichen Verordnungsweise nur bedingt interessiert. Am ehesten noch wären die einzelnen Krankenkassen als Versicherer und „Sicherstellungsagenten" ihrer Mitglieder zur Prüfung des Patientennutzens oder der Kosteneffizienz von Arzneimitteln motiviert und befähigt, wenn ihnen nicht das selektive Kontrahieren im Leistungsbereich verwehrt wäre und sie das „Bewertungsgeschäft" an die Kollektivebene der GKV-Selbstverwaltung abgeben müssten. So liegt im Fall der im Jahr 2003 mit § 35b SGB V bereits eingeführten Nutzenbewertung von Arzneimitteln die Bewertungskompetenz beim neu gegründeten Institut für Qualität und Wirtschaftlichkeit im Gesundheitswesen (IQWiG) und die Entscheidungskompetenz beim Gemeinsamen Bundesausschuss (G-BA), d. h. auf der denkbar höchsten und am meisten konzentrierten Bewertungs- und Entscheidungsebene. Damit aber besteht die unabweisbare Gefahr, dass mögliche Fehlbewertungen und -entscheidungen mit Bindungswirkung für die GKV, in der fast 90 % der Bevölkerung in Deutschland versichert sind, fatale Folgen nicht nur für die Arzneimittelversorgung der Patienten, sondern auch für die wirtschaftliche Existenz einzelner pharmazeutischer Hersteller und darüber hinaus für die Innovationsfähigkeit und -willigkeit der Arzneimittelindustrie insgesamt haben können.

Diese Gefahr ist keine virtuelle, sondern eine in der Sache liegende Realität: So ziehen sich die Hinweise auf praktisch unüberwindbare Probleme einer Qualitäts- und Nutzenbewertung, erst recht aber einer Effizienzbewertung von Arzneimitteln auf der überindividuellen bzw. aggregativen Ebene sowohl aus medizinischer als auch aus ökonomischer Sicht wie ein roter Faden durch die diesjährigen Bad Orber Gespräche. Insbesondere sollte aus den Referaten der Professoren Raspe und Graf von der Schulenburg vom gestrigen Vormittag deutlich geworden sein, dass bei zentralen Bewertungsverfahren gravierende interdimensionale, interpersonale und intertemporale Aggregationsprobleme entstehen, die zu ihrer Lösung weit reichende Konventionen erforderlich machen. Dies gilt auch bei der Lösung von Messproblemen, die immer dann entstehen, wenn Qualitäten durch quantitative Größen repräsentiert werden sollen. Es dürfte klar sein, dass alle Bewertungsergebnisse maßgeblich auch von den getroffenen Konventionen abhängen. Es kommt deshalb bei der zentralen Nutzenbewertung von Arzneimitteln – wie sie in § 35b SGB V für die GKV vorgeschrieben ist – ganz wesentlich auf die Verfahrensregeln an, um sachgerechte Konventionen zu treffen und sie in nicht diskriminierender Weise anzuwenden. Inhaltlich geht es dabei nicht nur um Bewertungsziele, -ansätze, -methoden, -kriterien und -zeitpunkte, sondern auch um ergebnisoffene und transparente Bewertungsprozesse sowie um eine möglichst breite Einbeziehung von Expertisen und Experten aller Art. Denn nur wenn diesbezüglich alle erforderlichen Konventionen sachgerecht getroffen und angewandt werden, lassen sich die genannten Gefahren zentraler Bewertungen vermeiden und Schaden gleichermaßen von Patienten und Herstellern abwenden.

Die Bewertung des therapeutischen Zusatznutzens

Jürgen Bausch

Am Ende eines 30 Jahre währenden Berufslebens als Landarzt in Hessen unter Arzneimittelbudgetdruck und als langjähriger KV-Vorsitzender fällt es mir nicht schwer, zu dem heute vorgegebenen Thema einige Anmerkungen zu machen, einige Beobachtungen zum Besten zu geben und zum Schluss einige Thesen zu formulieren.

In den ersten Jahren nach meiner Zulassung als Vertragsarzt 1975 stand ich, der ich die väterliche Praxis übernommen hatte, hinsichtlich der Arzneimittelverordnungen einerseits unter dem Einfluss einer 14-jährigen universitären klinischen Tätigkeit in München und andererseits unter dem völlig andersartigen Verordnungsgeschehen in einer etablierten großen Landpraxis. Mein Vater war ein sparsamer Purist, der als Chirurg im Krieg gelernt hatte, Patientenprobleme in extremen Mangelsituationen zu lösen, ohne das Füllhorn medizinischen Fortschritts über die Patienten ergießen zu können. Kranke mit einer Neigung zu übermäßigem Tablettenkonsum hatten auf der Praxiskarteikarte die warnende Kennziffer „P". Das war das Kürzel für „Pillenfresser". Ich bekenne freimütig, dass diese beiden pharmakotherapeutischen Prägungen bis heute mein Handeln bestimmen.

Bereits in den 80er-Jahren kamen zum Zwecke der Ausgabensteuerung von der lokalen AOK erstmals und in ganz unregelmäßigen Abständen Informationen über meine durchschnittlichen Verordnungsvolumina im Quartal im Vergleich zur Fachgruppe und gelegentlich auch Hinweise der KV zur wirtschaftlichen Verordnung von diesem und jenem. Ansonsten wurde man von Kassen und KV als Landarzt in Ruhe gelassen.

In den 90er-Jahren wurde jedoch der Druck auf die wirtschaftliche Verordnungsweise massiv erhöht. Seehofers Reformgesetz 1992, die kollektive Budgethaftung und der Arzneiverordnungsreport mit der Definition von Einsparreserven, waren die bestimmenden Elemente.

Die Diskussion über die therapeutische Gleichwertigkeit von Original und Generikum war relativ schnell erledigt, nachdem selbst hochangesehene Originalhersteller plötzlich eigene generische Töchter gezeugt hatten. Die gleiche Diskussion und die gleiche Aufgeregtheit der Industrie, die wir heute um die therapeutischen Nutzenbewertung von Innovationen und Analogpräparaten führen, hatten wir in diesen aufgeregten 90er-Jahren um eine andere große Gruppe von Arzneimitteln, über die heute niemand mehr spricht. Es waren die „Arzneimittel mit umstrittener Wirkung". Man nannte Sie auch „Arzneimittel mit nicht ausreichendem Wirkungsnachweis". Die Hersteller wurden nicht müde, professoralen Sachverstand landauf, landab zu mobilisieren, um Marktanteile zu halten und eine Front gegen diese Spardiskussion aufzubauen. Und KV-Vorsitzende, die in entsprechenden vorsichtig formulierten Hirtenbriefen ihren Ärztinnen und Ärzten Hinweise gaben, wie man dieses Arzneimittelsegment allmählich aus der laufenden Verordnung eliminiert, haben vor den Wettbewerbskammern der Landgerichte reichlich Lehrgeld in der Frage bezahlt: Wettbewerbseingriff versus Budgetsteuerung. Die Wettbewerbsgerichte sahen in den KVen klar einen Marktmitbewerber, der sich durch negative Äußerungen über ein Produkt anschickt, einem anderen Marktmitbewerber das Wasser abzugraben. Ernsthaft wurde die Frage diskutiert, ob allein die Behauptung, dieses Arzneimittel hat eine „umstrittene Wirkung", bereits eine wettbewerbsrechtlich verbotene „Schmähkritik" darstellt. (Der Artikel 81 Abs. 1 des EG-V, der in KVen und Kassen Marktmitbewerber sieht, spielte damals keine Rolle.)

Nicht zu vergessen der AVR, der Hauptmissetäter aus Industriesicht auf diesem Feld, der in einer denkwürdigen Ausgabe 1997 publiziert wurde und aufgrund einer einstweiligen gerichtlichen Anordnung wegen eines unzulässigen Eingriffs in den Wettbewerb auf vielen Seiten geschwärzt werden musste. Er las sich wie eine Publikation eines Staates mit zentraler Zensurbehörde.

Es hat nichts geholfen. Professor Schwabe als Herausgeber musste nicht ins Gefängnis. Die Ärzte haben ihre Praxen zu „rheumasalben- und gingkofreien Zonen" erklärt und der Anteil der umstrittenen Arzneimittel an den Gesamtausgaben ist kontinuierlich Jahr für Jahr von ehemals 25 % auf 5 % abgesunken und durch die OTC-Regelung des GSG zum 1. Januar 2004 inzwischen ohne Relevanz.

Bezogen auf das Thema Nutzenbewertung gab es bereits damals den gleichen Methodenstreit wie heute. Den Kritikern der „umstrittenen Arzneimittel" wurde Ideologielastigkeit und Praxisferne vorgeworfen. Man enthalte den Versicherten nebenwirkungsarme und mild wirksame Arzneimittel vor, obwohl die Bevölkerung überwiegend doch eine große Vorliebe zu einer „natürlichen Medizin" habe. Und die Studienlage sei gar nicht so schlecht. Außerdem wüssten die Anwender vor Ort – Arzt und Patient – doch am ehesten, was richtig und gut sei, um die anstehenden Patientenprobleme zu lösen.

In der Tat war es bei vielen Ärzten jedoch so, dass sie sich gerne von der Verordnung solcher „umstritten wirksamen Arzneimitteln" befreien wollten, dass ihnen aber bei Verordnungsverweigerung heftige und frustrierende Dispute im Sprechzimmer folgten. Und die örtlichen Krankenkassenmitarbeiter sind in der Regel den Ärzten in den Rücken gefallen mit dem Hinweis: „Alles was Ihr Arzt verordnet, zahlen wir auch!" Einzelne Kassenarten haben sogar im Wettbewerb mit anderen Kassenarten mit dem Leistungsspektrum „Naturmedizin" geworben. Die Ärzte, so jedenfalls meine Wahrnehmung aus vielen Versammlungen, hatten dieses frustrane Spektakel allmählich dick. Sie waren reif für eine Positivliste oder einen generellen Verordnungsausschluss von der Verordnungsfähigkeit. Letzteres ist ja dann auch endlich am 1. Januar 2004 in Kraft getreten.

Diese Vorgänge, übertragen auf die aktuelle Diskussion um die Nutzenbewertung, veranlassen mich zu folgenden Thesen:

1. Wenn IQWiG Mitte der 90er-Jahre bereits bestanden hätte, hätten wir bezüglich der umstrittenen Arzneimittel die gleiche Diskussion gehabt, wie heute im Segment der Innovationen und Analogpräparate.

2. Eine damalige IQWiG-Bewertung z. B. von Magnesiumpräparaten und deren Patientennutzen hätte den Bundesausschuss vor die gleiche Situation gestellt wie heute, nur mit dem Unterschied, dass in einem aufwändigen Verfahren (siehe Methodenpapier) von sieben bis neun Monaten festgestellt worden wäre, was wir für die Arzneimittelrichtlinien in weniger als einem Tag klargestellt haben, nämlich, dass Magnesium nur dann einen Nutzen besitzt, wenn ein nachgewiesener Magnesiummangel vorliegt oder wenn man Magnesium intravenös im Zusammenhang mit einer Eklampsie anwendet. Alles andere ist ohne erwiesene Wirkung und somit unwirtschaftlich. Dies hindert viele kardiologische Kliniken und Rehaeinrichtungen nicht daran, auch heute noch orales Magnesium in der Entlassungsempfehlung anzugeben und während der stationären Behandlung zu verabreichen. Offenkundig bewerten diese Ärzte den Nutzen anders. Dass manche Patienten mit ventrikulären Rhythmusstörungen oder auch Wadenkrämpfen in der Praxis draußen von einer Magnesiumgabe subjektiv profitieren, ohne dass es dafür valide Studien gibt, die eine überzeugende Evidenzklasse haben, ist bekannt.

3. Die Definition des Begriffs „therapeutischer Nutzen" ist alles andere als klar. Es gibt keine einvernehmliche oder gar verbindliche Definition, die alle Betroffenen akzeptieren könnten. Im aktuellen Koalitionsvertrag (11.11.2005) wird gefordert, Innovationen mit therapeutischem Zusatznutzen klar zu definieren, damit diese von Festbeträgen verschont bleiben. Für eine herzinsuffiziente alte Dame mit einer leichten Dranginkontinenz z. B. ist es bei der Anwendung von Schleifendiuretika bereits ein Nutzen, wenn sie statt einem kurzwirksamen Furosemidpräparat mit dem Effekt der Sturzdiurese, ein langwirkendes Diuretikum der gleichen Wirkstoffklasse vom Typ des Torasemids erhält. Sie kann ihre Wohnung verlassen, ohne in Not zu geraten. Aber einen solchen Auftrag zur Nutzenbewertung wird der Bundesausschuss dem IQWiG nicht erteilen. Torasemid ist mit Ablauf des Patentschutzes ohnehin preiswert generisch zur Verfügung. Davor war es ein teures Analogpräparat für die kritischen Puristen des Arzneimittelmarktes, ohne therapeutischen Zusatznutzen. Bezogen auf die von Prof. Raspe eingebrachten Evaluationsprinzipien der formativen und summativen Evaluation wird klar, wo hier das Problem liegt.

4. Die Ärzte draußen brauchen für den wirtschaftlichen Umgang mit hochpreisigen Medikamenten bei häufig vorkommenden Erkrankungen mehr und mehr Hilfestellung. Denn der einzelne Arzt ist zeitlich nicht in der Lage und fachlich biometrisch nicht befähigt, eine Nutzenbewertung im Einzelfall vorzunehmen. Dies ist jedoch die Voraussetzung für eine wirtschaftliche Verordnung. Die Zahl der einschlägigen Studien und die mit diesen Studien verbundenen Akronyme ist inzwischen auf über 2000 angewachsen und absolut unübersehbar geworden. Die von der Industrie getroffene Selektion aus diesen Studien in ihren Werbeaussagen ist nicht anders, als man sie erwarten muss. Jeder lobt seine eigenen Kinder und verschweigt deren Unarten. Das deutsche Leitlinientohuwabohu ist bekannt. Das Wort kommt aus dem Hebräischen und beschreibt in 1. Buch Moses 1,2 den chaotisch ungeordneten Zustand der Welt vor dem schaltend-ordnenden Eingriff Gottes in die Schöpfung.

5. Die derzeit massiv auf das IQWiG hereindreschende Kritik überrascht nur den, der den Zoff um Professor Schwabe und den AVR vor ca. zehn Jahren nicht miterlebt hat. Man wartet nur darauf, dass Sawicki fachlich stolpert. Die Fallen sind überall aufgestellt. In einige Fettnäpfchen wurde bereits hineingetreten. Dabei ist allen kundigen Thebanern längst klar: Genauso wie die Hersteller von umstritten wirksamen Präparaten seinerzeit verbissen gegen den AVR gekämpft und verloren haben, wird der Bundesausschuss bei patent-

geschützten Hochpreispräparaten und Wirkstoffgruppen, die letztendlich für die Strukturkomponente verantwortlich sind, Aussagen des IQWiG zum Nutzen in Richtlinien zum wirtschaftlichen Umgang in der Praxis umwandeln. Die KVen werden sie umsetzen, um ihre Budgets einzuhalten und um den einzelnen Arzt vor Wirtschaftlichkeitsprüfungen und Regressen zu schützen.

6. Damit sind wir wieder bei dem Arzt vor Ort, der mit einer Nutzenbewertung eines Wirkstoffes oder einer Stoffgruppe nur dann etwas anfangen kann, wenn er seine Patientenprobleme im Verbund mit den ihn umgebenen Fachärzten und Krankenhäusern lösen kann. Entfernt sich IQWiG durch einen extrem puristischen Ansatz, erzwungen durch die Methodik in der Bewertung von der draußen gelebten und Tag für Tag erfolgreich am Patienten praktizierten Wirklichkeit, dann stehen wir im Bundesausschuss vor unüberwindlichen Akzeptanzproblemen – bei vielen Ärzten und noch mehr bei Patienten. Insbesondere dann, wenn deren Patientenprobleme mit einer Maßnahme gelöst werden, für die kein überzeugender Nutzenbeleg zu finden war.

7. Dazu ein aktuelles Beispiel als Szenario: Analoginsuline, kurz wirksam bei Typ II Diabetes. Kein Vorteil gegenüber den um 25 % preiswerteren Humaninsulinen. Das könnte ein Endergebnis der Nutzenbewertung von IQWiG werden, der Vorbericht ist eindeutig. Der Bundesausschuss setzt diese Bewertung in den Arzneimittelrichtlinien um. Bei gleichwirksamen Arzneimitteln ist bekanntlich dem preiswerteren der Vorzug zu geben. Die Richtlinie ist verbindlich für Ärzte, Kassen und Versicherte.

Der Versicherte wird eine Umstellung auf ein anderes und noch dazu billigeres Insulin nicht akzeptieren. Er ist auf diese Therapie gut eingestellt, die Blutzucker- und HbA1c-Parameter sind akzeptabel. Er fühlt sich unter dieser Behandlung wohl. Schlussendlich wurde er auf dieses teurere Analoginsulin ja deswegen umgestellt, weil er zuvor nicht gut eingestellt war. Billig ist, das ist die Erfahrung aller Ärzte, kein gutes Umstellargument!

Ärzte, denen wegen dieser Nutzenbewertung massiver wirtschaftlicher Budgetdruck gemacht wird, werden, wenn sie regressbedroht sind, ausweichen durch Über- oder Einweisung in diabetologische Schwerpunktpraxen oder Diabeteskliniken. In der Regel sind diese Einrichtungen überzeugte Analoginsulinnutzer, und sie werden aus Gründen der Praxisbesonderheit ihres Praxiszuschnittes schwer, genau genommen überhaupt nicht in Prüfgeschäfte verwickelt werden können.

Die Angestellten der **Kassen** werden auf einschlägige Fragen von Versicherten erneut sagen: „Wir zahlen alles, was der Arzt verordnet!" Sage mit keiner, solche Geschichten würden sich nicht wiederholen.

Die Industrie wird über ihren Außendienst bei den Ärzten und über manche Selbsthilfeorganisation, die ohne industrielle Unterstützung nicht funktionsfähig wäre, eine Gegenargumentationsoffensive in die Wege leiten. Der Rechtsweg wird immer da (siehe auch europäisches Wettbewerbsrecht), wo er mit einigermaßen Aussicht auf Erfolg beschritten werden kann, von der Industrie beschritten werden. Inwieweit in- und ausländische Diabetologen und einschlägige Fachgesellschaften ein solches Bewertungsergebnis durch das IQWiG kommentarlos oder konterkarierend zur Kenntnis nehmen werden, bleibt abzuwarten. Der Bundesausschuss steht vor schweren Entscheidungen. Denn die Versorgungswirklichkeit weicht zu stark von dem Erkenntnisprozess ab, der sich aus der Methodik der IQWiG-Nutzenbewertung ergibt.

Viele Ärzte vor Ort werden deswegen, wie schon bei der damaligen Nutzenbewertung der umstritten wirksamen Arzneimittel, die Forderung aufstellen: Bevor wir einen gigantischen Umstellungsaufwand in der Praxis bei 100.000 Patienten beginnen, macht es sicher mehr Sinn, bei der insoweit festgestellten therapeutischen Gleichwertigkeit von Human- und Analoginsulin über das Festbetragssystem die Preise abzusenken. Denn letztendlich war der Anlass der Nutzenbewertung die nur verdeckt ausgesprochene Frage, ob die teureren Darreichungsformen von Analoginsulinen auf dem Markt einen nachweisbaren therapeutischen Nutzen für die Patienten haben. Denn nur dann wäre mit Blick auf Fortschritt und Innovation ein höherer Preis gerechtfertigt. So jedenfalls ist die innere Logik der gesetzlichen Vorgaben zu IQWiG und Bundesausschuss.

8. In der inhaltlichen Auseinandersetzung zwischen der Industrie und IQWiG und demnächst auch mit dem Bundesausschuss wird ein Punkt eine wichtige Rolle spielen, der bisher eher vernachlässigt wurde: die Frage der Akzeptanz der Entscheidungen. Denn je stärker die Wirklichkeit der Versorgung in der Breite von den Bewertungsergebnissen von IQWiG abweicht, desto geringer die Akzeptanz vor Ort in Klinik und Praxis. Sie kann zwar brachial durch Anziehen der Daumenschrauben bei den Wirtschaftlichkeitsprüfungen

im vertragsärztlichen Sektor erzwungen werden, aber am Kliniksektor tropfen die IQWiG- und Bundesausschussentscheidungen ab, ohne dass eine Anpassung der Therapiekonzepte vorgenommen wird. In diesem Zusammenhang muss man bekennen, dass die Arzneimittelrichtlinien des Bundesausschusses in der Vergangenheit im Kliniksektor, wenn überhaupt, allenfalls belächelt wurden.

Die Akzeptanz von IQWiG- und Bundesausschussentscheidungen bei deutschen Fachgesellschaften ist noch ein weiteres spannendes Kapitel. Die Erfahrungen aus der Arbeit der Positivlistenkommission haben mich gelehrt, dass Einschnitte in das System, auch wenn die Vorgabe bei der Positivliste eine deutlich niedrigere Evidenz verlangte, nur selten ohne heftige Widersprüche und persönliche Anfeindungen blieben („fehlende" Fachkompetenz, keine ärztliche Erfahrung auf diesem Gebiet, nicht ausreichende Würdigung der Studienlage, keine persönliche Anhörung der Fachspeziallisten und wie immer: massive Verschlechterung der Patientenversorgung, bis hin zum Winken mit dem Leichentuch, wenn dieses und jenes Medikament nicht mehr verordnungsfähig sein sollte).

9. Es mag gute Gründe geben, wenn, um einen behaupteten Vorwand aufzugreifen, IQWiG den Surrogatparameter Blutdrucksenkung durch ein Hochdruckmittel nicht in seine Bewertung einbezieht. Ich bezweifle jedoch sehr ernsthaft, ob diese Vorgehensweise, so begründet sie auch sein mag, der Masse der normal praktizierenden Ärzte so plausibel dargestellt werden kann, dass diese einer solchen Vorgehensweise mit innerer Überzeugung folgen könnten. Nach meiner Beobachtung haben bislang noch die wenigsten Ärzte den Paradigmenwandel verinnerlicht, der sich wissenschaftlich bereits längst vollzogen hat. Nämlich, dass es bei einer Reihe von häufigen chronischen Erkrankungen nicht so sehr darauf ankommt, die leicht messbaren Surrogatparameter positiv zu beeinflussen, sondern dass der entscheidende Punkt die Verhinderung von schweren Ereignissen ist, die das Lebensschicksal eines Menschen bestimmen. Ganze Ärztegenerationen sind weltweit über Jahrzehnte hinweg so erzogen worden, messbare Abweichungen vom Normalen zu korrigieren und der Normalität anzunähern – und dies bereits als Therapieerfolg zu betrachten. (Anders kann man eine Praxis auch gar nicht führen.)

10. Man kann sich das mittelalterliche Ritterprinzip „Viel Feind, viel Ehr" auf den Schild schreiben. Da aber die therapeutische Nutzenbewertung keine einfache Aufgabe ist, die, wenn sie etwas bewirken soll, ein Mindestmaß an Akzeptanz und Respekt der Betroffenen vor

der Institution voraussetzt, wird man nicht umhin können, in die Nutzenbewertung auch Untersuchungsergebnisse und Erfahrungen einzubringen, die unter Alltagsbedingungen gewonnen werden. Unter Alltagsbedingungen war Amlodipin dem deutlich billigeren Nitrendipin überlegen, als Norvasc® noch unter Patentschutz stand. Unter Alltagsbedingungen waren die Fentanylpflaster adäquat dosierten generischen oralen Morphinpräparaten überlegen. Und das Gleiche gilt für Glimepirid versus Glibenclamid bei den Sulfonylharnstoffen. – Genug der Beispiele. Alles Schnee von gestern. Der generische Wettbewerb ist bei Patentablauf die Lösung aller schwierigen Nutzenbewertungsprobleme.

Die Informationsanstrengungen der KVen und Kassen und des Arzneiverordnungsreports und Arzneitelegramms bei wirtschaftlichen Verordnungen von Analogpräparaten werden nur so lange wissenschaftlich unterlegt, solange es darum geht, Einsparreserven zu realisieren. Wenn wir uns nur auf RCTs kaprizieren, ausschließlich Endpunktstudien zum Maß aller Dinge machen und die Korrektur von Surrogatparametern diskriminieren, dann bilden wir die Versorgungswirklichkeit, so verbesserungswürdig diese auch sein mag, nicht ausreichend ab. Man darf deshalb nicht versäumen, bei der Nutzenbewertung die Ergebnisse randomisierter Doppelblindstudien mit denen methodisch adäquat geplanter, durchgeführter und ausgewerteter Beobachtungsstudien, Anwendungsbeobachtungen und anderer nach einem biometrisch vernünftigen Konzept durchgeführten Methoden der Versorgungsforschung mit einzubeziehen. (U. Letzel) (H. Letzel)

11. Aus der intensiven Arbeit mit Pharmakotherapiequalitätszirkeln in den letzten 15 Jahren weiß man seit langem, dass eine nachhaltige Verhaltensänderung im Verordnungsverhalten nur dann entsteht, wenn es gelingt, das Wissen und den Willen zur Veränderung zu aktivieren. Puristische Fanfarenstöße könnten zwar die Hunde wecken, aber dennoch: Die Karawane zieht weiter! Mit IQWiG und den neuen, den Bewertungsergebnissen angepassten Arzneimittelrichtlinien beginnt ein neues Zeitalter der Informations- und Qualitätsverbesserung für die Vertragsärzte. Erfolg kann sich jedoch nur schrittweise und durch das Ringen um Akzeptanz bei den von dieser Richtlinie betroffenen Ärzten und letztendlich auch der Patienten einstellen. Und eine Voraussetzung des Erfolges wird sein, dass insbesondere die Ärzte in den Kliniken ihr Verordnungsverhalten dem Evidenzlevel von IQWiG annähern. „Steh auf und iss! Denn Du hast einen weiten Weg vor Dir!" (Sprach der Engel zu dem Prophet Elia. 1. Buch der Könige 19,7.)

Nutzenbewertung von Arzneimitteln – Forderungen der Industrie

Heinz-Werner Meier

Nutzenbewertungen von Arzneimitteln, wie sie heute beispielsweise von dem Institut für Qualität und Wirtschaftlichkeit im Gesundheitswesen (IQWiG) erstellt werden, werden von den forschenden pharmazeutischen Herstellern keinesfalls abgelehnt. Sie müssen allerdings 1. dem wissenschaftlichen Standard entsprechen, 2. dem pharmazeutischen Unternehmen Planungssicherheit gewährleisten und 3. den Herstellern Rechtssicherheit gewähren.

Der wissenschaftliche Standard der Bewertung von Arzneimitteln beinhaltet vier Aspekte:

1. Validität („wird gemessen, was gemessen werden soll?")
2. Objektivität („ist das Ergebnis der Messung unabhängig von den Personen, die messen?")
3. Verlässlichkeit („ist das Ergebnis der Messung unabhängig vom Zeitpunkt der Messung?")
4. Transparenz („sind alle Grundlagen der Messung nachvollziehbar?")

Diese Forderungen entsprechen auch dem Grundverständnis der Evidence based Medicine (EbM). Die EbM fordert die individuelle Therapie, die allerdings sehr verschiedene Aspekte berücksichtigen sollte, wie z. B. die externe Evidenz, die klinische Erfahrung des Arztes, den Bedarf der Patienten und die Wirtschaftlichkeit der Therapie. Häufig wird unter EbM vor allem der Aspekt der externen Evidenz verstanden. Bedeutet dies schon eine Einschränkung der ursprünglichen Definition, so stellt die bisher sichtbare Vorgehensweise des IQWiG bei der Bewertung von Produkten eine weitere Verengung des ursprünglichen Evidenz-Begriffs dar. Das IQWiG hat sich in seinen Entwürfen und Stellungnahmen bisher praktisch ausschließlich auf randomisierte Studien beschränkt (Randomised Clinical Trials = RCTs). Dagegen forderte bereits Sackett 1996 in seiner Original-Definition des EbM: „Evidence-based medicine is not restricted to randomised trials and meta-analyses. It involves tracking down the best external evidence with which to answer our clinical questions." Und: "If no randomised trial has been carried out for our patient's predicament, we follow the trail to the next best external evidence and work from there."

So schließen die international anerkannten Health Technical Assessments (HTAs) neben RCTs auch nicht-randomisierte Studien (CTs), Kohortenstudien, Querschnittsstudien, Beobachtungsstudien, Expertenempfehlungen und Leitlinien ein, die bisher vom IQWiG nicht verwendet worden sind. Stattdessen tauchen in den IQWiG-Berichtsplänen teilweise selbstgewählte Kriterien zur Studienselektion auf, die international keinesfalls üblich sind und die in den Berichtsplänen auch nicht weiter erläutert werden. So werden beispielsweise in einem Berichtsplan ohne weitere Erläuterungen mindestens 500 Patienten pro Untersuchungsgruppe als Einschlusskriterium gefordert, obwohl dies statistisch keinerlei Grundlage besitzt – größere Studien sind nicht per Definition „besser" als kleinere. Die Folgen eines derart eingeschränkten Vorgehens beim Einschluss klinischer Studien in eine Bewertung kann sehr schnell zur Ignorierung wesentlicher patientenrelevanter Größen führen. So berichtet das IQWiG beispielsweise hinsichtlich der Bewertung kurzwirksamer Insulinanaloga für Typ 2 Diabetiker von insgesamt 1102 Fundstellen in der Literatur (‚hits'). Hiervon schieden 85 Veröffentlichungen sofort als Duplikate aus, 998 Publikationen wurden nicht im Volltext gesichtet, da sie entsprechend dem Berichtsplan als nicht relevant eingestuft wurden und 14 Veröffentlichungen, die schließlich im Volltext gesichtet wurden, wurden als „nicht relevant" von der Bewertung ausgeschlossen. Der Vorbericht des IQWiG stützte sich somit letztendlich auf ganze fünf Publikationen (die später um zwei Firmenstudien erweitert wurden), die dann schließlich alle laut vorliegender IQWiG-Bewertung keinen wesentlichen zusätzlichen Nutzen für die Patienten im Vergleich zu Humaninsulin aufzeigen konnten.

Man darf gespannt sein, welchen Einschlusskriterien für wissenschaftliche Publikationen wir bei künftigen IQWiG-Bewertungen von Arzneimitteln noch begegnen werden. Es sollte ein generell anerkannter Grundsatz sein, dass derjenige, der den Nutzen von Arzneimitteln bewertet, den Begriff „Nutzen" zuvor auch definiert. Das IQWiG stellt hierzu in seinem vorliegenden Methodenpapier zunächst richtig fest: „Für den Begriff Nutzen oder Nützlichkeit (von medizinischen Maßnahmen) existiert bislang weder national noch international eine einheitliche und allgemein definierte Version."

Überraschenderweise macht das IQWiG jedoch keinerlei weitere Anstalten in seinem Methodenpapier, den Begriff „Nutzen" in irgendeiner Form zu definieren. Stattdessen verspricht es: „Die Beschreibung des Begriffs ‚Nutzen' wird sich bei der Arbeit des Instituts in den jeweiligen Fragestellungen und den Angaben im Berichtsplan widerspiegeln. Dabei wird, sofern auftragsbezogen möglich, die Relevanz für die Betroffenen im Vordergrund stehen." Die forschende Pharmaindustrie muss inzwischen leider feststellen, dass die versprochene Nutzendefinition sich bislang in keinem einzigen bekannt gewordenen IQWiG-Berichtsplan wieder findet. Mit anderen Worten: Der Nutzen wird nicht definiert, aber gemessen.

Darüber hinaus fällt leider auf, dass in den bisher bekannten Berichtsplänen in einigen Fällen keine konkreten Aussagen zu Schlüsselbegriffen der verwendeten Methodik vorhanden sind. Hierzu nur ein Beispiel: Im Berichtsplan A05-02 (kurzwirksame Insulinanaloga) findet sich eine Reihe methodischer Bezüge zur so genannten „Informationssynthese und -analyse", ohne dass dieser Schlüsselbegriff in irgendeiner Weise genauer erläutert wird. Dagegen häufen sich im dann folgenden Text einschränkende Konditionen wie „wenn möglich" oder „sofern inhaltlich und methodisch sinnvoll", die den Text insgesamt schlichtweg schwammig erscheinen lassen.

Sind die benutzten Methoden für die Industrie schon nicht völlig nachvollziehbar, so kommt es bei der eingangs gestellten Forderung nach Planungssicherheit zu wirklich ernsthaften Defiziten für die Pharmaindustrie. So ist im IQWiG-Methodenpapier unter 4.11 (Zeitpunkt der Berichterstattung) folgendes zu lesen: „Die Bewertung einer Methode bzw. Intervention ist zu jeder Zeit möglich. Generelle Vorgaben dahingehend, dass die Erstellung einer systematischen Bewertung durch das Institut frühestens nach Verstreichen einer gewissen Zeit nach Zulassung oder Etablierung einer Methode oder Intervention erfolgt, werden nicht getroffen." Dies bedeutet im Klartext, dass das IQWiG seine bekannte Forderung nach patientenorientierten Endpunktstudien als wesentliche Grundlage für die Bewertung eines Arzneimittels schon unmittelbar nach der Ausbietung eines neuen innovativen Produktes stellen kann. Auf Nachfrage ist vom IQWiG zu hören, dass die Pharmaunternehmen solche entsprechenden Endpunktstudien ja schon früher, das heißt vor der Zulassung beginnen könnten. Hierbei wird vom IQWiG völlig übersehen, dass zum Zeitpunkt der Zulassung in der Regel nur entsprechende Zulassungsstudien vorliegen, die sich im wesentlichen auf den Nachweis der Wirksamkeit und Qualität sowie das Sicherheitsprofil eines Arzneimittels beziehen. Protokolle und Design der Zulassungsstudien werden in diesem Sinne von den Zulassungsbehörden (FDA, EMEA) festgelegt und bestimmt. Keineswegs liegt in dieser frühen Phase der Schwerpunkt des Behördeninteresses auf den typischen Endpunkten, wie Morbidität und Mortalität.

Patientenorientierte Endpunktstudien sind in der Regel Langzeitstudien mit typischen Patientenkollektiven von 10.000 und mehr Patienten. Das Starten solcher Langzeitstudien bereits vor der Zulassung des Produktes ist in den meisten Fällen unmöglich und würde zum Zeitpunkt der Zulassung auch zu keinen rechtzeitigen Ergebnissen führen. Wer also wie das IQWiG patientenorientierte Endpunktstudien direkt nach der Zulassung verlangt, stellt eine Forderung, die die forschende Pharmaindustrie gar nicht erfüllen kann, selbst wenn sie wollte. Zwei kurze Beispiele aus dem Haus Sanofi-Aventis mögen dies erläutern:

Das Medikament Taxotere ist heute Weltmarktführer in der Chemotherapie zur Behandlung von Brustkrebs. Das Ende 1995 auf den Markt gekommene Produkt wäre bei damaliger Bewertung nach den heutigen IQWiG-Methoden ein typisches „me too"-Präparat ohne erkennbaren Zusatznutzen gewesen. Stattdessen hat die unter dem Namen TAX311 bekannt gewordene Studie im Jahre 2003 ergeben, dass dieses Medikament einen deutlichen Überlebensvorteil bei metastasierendem Brustkrebs gegenüber der bisherigen Standardbehandlung bietet.

Ein zweites Beispiel: Der ACE-Hemmer Ramipril wurde 1990 für die Indikation Hypertonie zugelassen und wäre gemäß der heutigen IQWiG-Regeln ein typisches „me too"-Produkt gewesen, da es zu diesem Zeitpunkt bereits eine Reihe anderer ACE-Hemmer gab. Erst die im Jahr 2000 veröffentlichte HOPE-Studie zeigte eine erhebliche Senkung der Infarktmortalität bei kardiovaskulären Risikopatienten, die zu einer völlig neuen Sichtweise der ACE-Hemmer führte.

Beiden Fällen ist gemeinsam, dass die Endpunktstudien Jahre gedauert haben und auf keinen Fall zum Zeitpunkt der Zulassung hätten vorliegen können. Generell besteht die große Gefahr, dass negative IQWiG-Nutzenbewertungen auf der Basis des Nichtvorhandenseins geforderter Endpunktergebnisse zum systematischen Ausklammern neuer Produkte durch das IQWiG führen kann.

Es wird häufig übersehen, dass von der Entdeckung eines neuen Moleküls bis zur Zulassung des entsprechenden Medikamentes in der Regel zehn Jahre und mehr vergehen. Durch die enge weltweite Vernetzung der Wissenschaft und die hohen Kommunikationsmöglichkeiten, die heute bestehen, starten nach der wissenschaftlichen Entdeckung eines völlig neuen Wirkprinzips häufig nicht nur ein pharmazeutisches Unternehmen, sondern eine Vielzahl von Pharmafirmen mit ihren jeweils eigenen Molekülen der neuen Wirkstoffklasse zu einem Wettlauf über diese zehn Jahre bis zur Zulassung. Hierbei entstehen chemisch ähnliche, in der Regel in ihrer Wirkung aber häufig sehr unterschiedliche Produkte. Eines dieser Unternehmen ist dann am Ende mehr oder weniger zufällig als erstes mit seinem Produkt auf dem Markt und gilt ab dann als Schöpfer der neuen Wirkstoffklasse, mit entsprechenden Vorteilen im

Markt. Schon wegen dieses zeitlichen Wettbewerbs sind alle Produkte in den ersten Jahren nach Etablierung einer neuen Wirkstoffklasse das Ergebnis einer echten Parallelforschung und können niemals „Schein-Innovationen" sein, da zu einer solchen „Strategie" ganz einfach der zeitliche Vorlauf fehlt.

Wie aber kann die an sich verständliche Forderung nach patientenrelevanten Endpunktstudien zu frühstmöglichem Zeitpunkt (aber nach der Zulassung) mit den zeitlichen Rahmenbedingungen der Medikamentenentwicklung in Einklang gebracht werden? Hierzu wäre aus Sicht des Autors folgende Vorgehensweise denkbar:

- Bei Ausbietung eines neuen Produkts erkennt jedes pharmazeutische Unternehmen die Notwendigkeit geeigneter Endpunktstudien an und trifft mit dem Gemeinsamen Bundesausschuss bzw. IQWiG eine Vereinbarung bezüglich des Designs einer oder mehrerer solcher Studien. Das Unternehmen verpflichtet sich, die verabredete(n) Studie(n) innerhalb von 12 Monaten operativ zu beginnen.
- Im Gegenzug muss das Unternehmen sicher sein können, dass das betreffende Medikament bis zum Vorliegen der Studienergebnisse frei von jeder Eingruppierung in das Festbetragssystem bleibt.
- Die Ergebnisse der Endpunktstudie werden von beiden Seiten als verbindlicher Maßstab für die endgültige Nutzenbewertung anerkannt.

Diese hier nur skizzierte Vorgehensweise – auch andere, ähnliche Schemata sind denkbar – würde die berechtigten Forderungen der forschenden pharmazeutischen Industrie nach Planungssicherheit und Innovationsschutz erfüllen und würde gleichzeitig den Gemeinsamen Bundesausschuss in die Lage versetzen, wirkliche Nutzenbewertungen auf einer wissenschaftlichen Basis und einer genügend langen Erfahrungsperiode sicher durchführen lassen zu können.

Da große und teure Produktentwicklungen von den internationalen Pharmaunternehmen heute in der Regel als internationale klinische Studien durchgeführt werden, bei denen Deutschland oft nur ein Land in einer Reihe von Studienländern ist, müsste allerdings sichergestellt sein, dass das mit dem GBA abgesprochene Studiendesign die international akzeptierten primären Endpunkte berücksichtigt. Dies gilt insbesondere für den Umfang der zu beantwortenden Fragen in deutschen Berichtsplänen.

Abschließend muss auf das Problem der fehlenden Rechtssicherheit bei IQWiG-Bewertungen hingewiesen werden. Die Veröffentlichungen des IQWiG werden nicht nur vom gemeinsamen Bundesausschuss, sondern auch von Kassen, KVen, Mitbewerbern und schließlich von den Medien benutzt. Für die Bewertungen des IQWiG gilt aber: Der Rechtsweg ist ausgeschlossen. Die forschende Pharmaindustrie hat somit keinerlei Rechtsmöglichkeiten, Beschwerden gegen offenbar fehlerhafte Bewertungen einzulegen. Dass dieser Zustand für die forschenden Pharmahersteller grundsätzlich nicht akzeptabel ist, versteht sich von selbst. Auch hier ist eine Korrektur dringend angebracht, deren Details aber nicht Gegenstand der vorliegenden Ausführungen sein kann.

Verzeichnis der Teilnehmer

Albring, Dr. med. Manfred	Geschäftsführender Gesellschafter albring & albring pharmaceutical relations GmbH, Berlin
Baumann, Silke	Referentin Arbeitsgruppe Gesundheit, SPD-Bundestagsfraktion, Berlin
Bausch, Dr. med. Jürgen	Ehrenvorsitzender der Kassenärztlichen Vereinigung Hessen, Frankfurt
Becker, Maria	Referentin der Arbeitsgruppe Gesundheit der CDU/CSU-Bundestagsfraktion, Berlin
Cassel, Prof. Dr. rer. pol. Dieter	Lehrstuhl für Wirtschaftspolitik an der Universität Duisburg, Duisburg
Dierks, PD Dr. iur. Dr. med. Christian	Rechtsanwalt und Arzt, Dierks & Bohle, Rechtsanwälte, Berlin
Dolderer, Uwe	Unternehmenssprecher und Direktor der Konzernkommunikation und Marketing des Vivantes Netzwerk für Gesundheit GmbH, Berlin
Ebsen, Prof. Dr. iur. Ingwer	Lehrstuhl für öffentliches Recht, insbesondere Sozialrecht, Frankfurt/Main
Flug, Dr. rer. nat. Michaela, MPH	Abteilung Gesundheitswesen der Schering Deutschland GmbH, Berlin
Fox-Kuchenbecker, Dr. rer. nat. Petra	Pressesprecherin, Schering Deutschland GmbH, Berlin
Häussler, Prof. Dr. med. Bertram	Geschäftsführer IGES-Institut für Gesundheits- und Sozialforschung GmbH, Berlin
Hermann, Dr. phil. Christopher	Stellvertretender Vorsitzender des Vorstandes der AOK Baden-Württemberg, Stuttgart
Hess, Dr. iur. Rainer	Vorsitzender des Gemeinsamen Bundesausschusses, Siegburg
Holzgreve, Prof. Dr. phil. Dr. med. Alfred	Regionaldirektor Süd, Klinikum Neukölln, Vivantes Netzwerk für Gesundheit GmbH, Berlin
Hoppe, Prof. Dr. med. Jörg-Dietrich	Präsident der Bundesärztekammer, Berlin
Hovermann, Eike	Mitglied des Gesundheitspolitischen Ausschusses der SPD-Bundestagsfraktion, Berlin

Knabner, Dr. rer. pol. Klaus	Leiter Gesundheitswesen der Schering Deutschland GmbH, Berlin
Knieps, Franz (kurzfristig abgesagt)	Abteilungsleiter Gesundheitsversorgung Krankenversicherung Pflegeversicherung, Bundesministerium für Gesundheit und Soziale Sicherung, Berlin
Kniesche, Andreas	Referent der Arbeitsgruppe Gesundheit und Soziale Sicherung der SPD-Bundestagsfraktion, Berlin
Koenig, Universitätsprof. Dr. Christian, LL.M.	Geschäftsführender Direktor, Zentrum für Europäische Integrationsforschung an der Rheinischen Friedrich-Wilhelms-Universität Bonn, Forschungsstelle für Europäisches Pharmarecht, Bonn
Köhler, Dr. med. Andreas	Vorsitzender des Vorstandes der Kassenärztlichen Bundesvereinigung, Berlin
Laschet, Helmut	Stellvertretender Chefredakteur der Ärztezeitung, Berlin
Lohmann, Prof. Heinz	LOHMANN konzept, Beratung in der Gesundheitswirtschaft, Hamburg
Meier, Dr. Heinz-Werner	Vorsitzender des Vorstandes, Sanofi-Aventis Deutschland GmbH, Frankfurt/Main
Montgomery, Dr. med. Frank Ulrich	1. Vorsitzender, Marburger Bund, Landesverband Hamburg, Hamburg
Müller, Rolf Dieter	Vorstandsvorsitzender der AOK Berlin, Berlin
Münch, Eugen	Vorstandsvorsitzender, Rhön-Klinikum AG, Bad Neustadt/Saale
Murner, Heike	Leiterin der Hauptstadtrepräsentanz der Barmer Ersatzkasse, Berlin
Naase, Birgit	Gesundheitspolitische Referentin der FDP-Bundestagsfraktion, Berlin
Raspe, Prof. Dr. med. Dr. phil. Heiner	Direktor, Universitätsklinikum Lübeck, Institut für Sozialmedizin, Lübeck
Rebscher, Dr. h.c. Herbert	Vorsitzender des Vorstandes, Deutsche Angestellten Krankenkasse, Hamburg

Renzewitz, Susanne	Rechtsanwältin und Leiterin Politik, Deutsche Krankenhausgesellschaft, Berlin
Sawicki, Prof. Dr. med. Peter T.	Institutsleiter, Institut für Qualität und Wirtschaftlichkeit im Gesundheitswesen (IQWiG), Köln
Schäfer, Wolfgang	Vorsitzender der Geschäftsführung des Vivantes Netzwerk für Gesundheit GmbH, Berlin
Schaub, Dr. rer. oec. Vanessa Elisabeth	Abteilung Gesundheitswesen der Schering Deutschland GmbH, Berlin
Schmidt, Peter	Geschäftsführer der Pro Generika e. V., Berlin
Schönbach, Karl-Heinz	Leiter der Hauptabteilung Verträge des Bundesverbandes der Betriebskrankenkassen, Essen
Graf von der Schulenburg, Prof. Dr. rer. pol. J.-Matthias	Direktor des Instituts für Versicherungsbetriebslehre, Universität Hannover, Fachbereich Wirtschaftswissenschaften, Hannover
Schulte, Gerhard	Vorsitzender des Vorstandes des Landesverbandes der Betriebskrankenkassen in Bayern, München
Schulte-Sasse, Dr. med. Hermann	Staatssekretär, Senatsverwaltung für Gesundheit, Soziales und Verbraucherschutz, Berlin
Straub, Dr. med. Christoph Hans	Stellvertretender Vorsitzender der Techniker Krankenkasse Hamburg, Hamburg
Taubert, Dr. rer. nat. Dieter	Geschäftsführer der Schering Deutschland GmbH, Berlin
Tesic, Dusan	Hauptgeschäftsführer der Kassenärztlichen Vereinigung, Berlin
Vorderwülbecke, Dr. iur. Ulrich	Geschäftsbereichsleiter Marktordnung/ Gesundheitssysteme, Verband Forschender Arzneimittelhersteller (VFA) e. V., Berlin
Widmann-Mauz, Annette	Mitglied des Ausschusses für Gesundheit der CDU/CSU-Bundestagsfraktion, Berlin
Wille, Prof. Dr. rer. pol. Eberhard	Vorsitzender des Sachverständigenrates für die Konzertierte Aktion im Gesundheitswesen; Lehrstuhl für Volkswirtschaftslehre, Planung und Verwaltung, öffentliche Wirtschaft, Universität Mannheim, Mannheim

Verzeichnis der Referenten

Bausch, Dr. med. Jürgen	Ehrenvorsitzender der Kassenärztlichen Vereinigung Hessen, Frankfurt
Cassel, Prof. Dr. rer. pol. Dieter	Lehrstuhl für Wirtschaftspolitik an der Universität Duisburg, Duisburg
Ebsen, Prof. Dr. iur. Ingwer	Lehrstuhl für öffentliches Recht, insbesondere Sozialrecht, Frankfurt/Main
Hess, Dr. iur. Rainer	Vorsitzender des Gemeinsamen Bundesausschusses, Siegburg
Holzgreve, Prof. Dr. phil. Dr. med. Alfred	Regionaldirektor Süd, Klinikum Neukölln, Vivantes Netzwerk für Gesundheit GmbH, Berlin
Hoppe, Prof. Dr. med. Jörg-Dietrich	Präsident der Bundesärztekammer, Berlin
Knieps, Franz (kurzfristig abgesagt)	Abteilungsleiter Gesundheitsversorgung Krankenversicherung Pflegeversicherung, Bundesministerium für Gesundheit und Soziale Sicherung, Berlin
Koenig, Universitätsprof. Dr. Christian, LL.M.	Geschäftsführender Direktor, Zentrum für Europäische Integrationsforschung an der Rheinischen Friedrich-Wilhelms-Universität Bonn, Forschungsstelle für Europäisches Pharmarecht, Bonn
Köhler, Dr. med. Andreas	Vorsitzender des Vorstandes der Kassenärztlichen Bundesvereinigung, Berlin
Meier, Dr. Heinz-Werner	Vorsitzender des Vorstandes, Sanofi-Aventis Deutschland GmbH, Frankfurt/Main
Montgomery, Dr. med. Frank Ulrich	1. Vorsitzender, Marburger Bund, Landesverband Hamburg, Hamburg
Münch, Eugen	Vorstandsvorsitzender, Rhön-Klinikum AG, Bad Neustadt/Saale
Raspe, Prof. Dr. med. Dr. phil. Heiner	Direktor, Universitätsklinikum Lübeck, Institut für Sozialmedizin, Lübeck
Renzewitz, Susanne	Rechtsanwältin und Leiterin Politik, Deutsche Krankenhausgesellschaft, Berlin

Sawicki, Prof. Dr. med. Peter T.	Institutsleiter, Institut für Qualität und Wirtschaftlichkeit im Gesundheitswesen (IQWiG), Köln
Graf von der Schulenburg, Prof. Dr. rer. pol. J.-Matthias	Direktor des Instituts für Versicherungsbetriebslehre, Universität Hannover, Fachbereich Wirtschaftswissenschaften, Hannover
Schulte, Gerhard	Vorsitzender des Vorstandes des Landesverbandes der Betriebskrankenkassen in Bayern, München
Schulte-Sasse, Dr. med. Hermann	Staatssekretär, Senatsverwaltung für Gesundheit, Soziales und Verbraucherschutz, Berlin
Wille, Prof. Dr. rer. pol. Eberhard	Vorsitzender des Sachverständigenrates für die Konzertierte Aktion im Gesundheitswesen; Lehrstuhl für Volkswirtschaftslehre, Planung und Verwaltung, öffentliche Wirtschaft, Universität Mannheim, Mannheim

STAATLICHE ALLOKATIONSPOLITIK IM MARKTWIRTSCHAFTLICHEN SYSTEM

Band 1 Horst Siebert (Hrsg.): Umweltallokation im Raum. 1982.

Band 2 Horst Siebert (Hrsg.): Global Environmental Resources. The Ozone Problem. 1982.

Band 3 Hans-Joachim Schulz: Steuerwirkungen in einem dynamischen Unternehmensmodell. Ein Beitrag zur Dynamisierung der Steuerüberwälzungsanalyse. 1981.

Band 4 Eberhard Wille (Hrsg.): Beiträge zur gesamtwirtschaftlichen Allokation. Allokationsprobleme im intermediären Bereich zwischen öffentlichem und privatem Wirtschaftssektor. 1983.

Band 5 Heinz König (Hrsg.): Ausbildung und Arbeitsmarkt. 1983.

Band 6 Horst Siebert (Hrsg.): Reaktionen auf Energiepreissteigerungen. 1982.

Band 7 Eberhard Wille (Hrsg.): Konzeptionelle Probleme öffentlicher Planung. 1983.

Band 8 Ingeborg Kiesewetter-Wrana: Exporterlösinstabilität. Kritische Analyse eines entwicklungspolitischen Problems. 1982.

Band 9 Ferdinand Dudenhöfer: Mehrheitswahl-Entscheidungen über Umweltnutzungen. Eine Untersuchung von Gleichgewichtszuständen in einem mikroökonomischen Markt- und Abstimmungsmodell. 1983.

Band 10 Horst Siebert (Hrsg.): Intertemporale Allokation. 1984.

Band 11 Helmut Meder: Die intertemporale Allokation erschöpfbarer Naturressourcen bei fehlenden Zukunftsmärkten und institutionalisierten Marktsubstituten. 1984.

Band 12 Ulrich Ring: Öffentliche Planungsziele und staatliche Budgets. Zur Erfüllung öffentlicher Aufgaben durch nicht-staatliche Entscheidungseinheiten. 1985.

Band 13 Ehrentraud Graw: Informationseffizienz von Terminkontraktmärkten für Währungen. Eine empirische Untersuchung. 1984.

Band 14 Rüdiger Pethig (Ed.): Public Goods and Public Allocation Policy. 1985.

Band 15 Eberhard Wille (Hrsg.): Öffentliche Planung auf Landesebene. Eine Analyse von Planungskonzepten in Deutschland, Österreich und der Schweiz. 1986.

Band 16 Helga Gebauer: Regionale Umweltnutzungen in der Zeit. Eine intertemporale Zwei-Regionen-Analyse. 1985.

Band 17 Christine Pfitzer: Integrierte Entwicklungsplanung als Allokationsinstrument auf Landesebene. Eine Analyse der öffentlichen Planung der Länder Hessen, Bayern und Niedersachsen. 1985.

Band 18 Heinz König (Hrsg.): Kontrolltheoretische Ansätze in makroökonometrischen Modellen. 1985.

Band 19 Theo Kempf: Theorie und Empirie betrieblicher Ausbildungsplatzangebote. 1985.

Band 20 Eberhard Wille (Hrsg.): Konkrete Probleme öffentlicher Planung. Grundlegende Aspekte der Zielbildung, Effizienz und Kontrolle. 1986.

Band 21 Eberhard Wille (Hrsg.): Informations- und Planungsprobleme in öffentlichen Aufgabenbereichen. Aspekte der Zielbildung und Outputmessung unter besonderer Berücksichtigung des Gesundheitswesens. 1986.

Band 22 Bernd Gutting: Der Einfluß der Besteuerung auf die Entwicklung der Wohnungs- und Baulandmärkte. Eine intertemporale Analyse der bundesdeutschen Steuergesetze. 1986.

Band 23 Heiner Kuhl: Umweltressourcen als Gegenstand internationaler Verhandlungen. Eine theoretische Transaktionskostenanalyse. 1987.

Band 24 Hubert Hornbach: Besteuerung, Inflation und Kapitalallokation. Intersektorale und internationale Aspekte. 1987.

Band 25 Peter Müller: Intertemporale Wirkungen der Staatsverschuldung. 1987.

Band 26 Stefan Kronenberger: Die Investitionen im Rahmen der Staatsausgaben. 1988.

Band 27 Armin-Detlef Rieß: Optimale Auslandsverschuldung bei potentiellen Schuldendienstproblemen. 1988.

Band 28 Volker Ulrich: Preis- und Mengeneffekte im Gesundheitswesen. Eine Ausgabenanalyse von GKV-Behandlungsarten. 1988.

Band 29 Hans-Michael Geiger: Informational Efficiency in Speculative Markets. A Theoretical Investigation. Edited by Ehrentraud Graw. 1989.

Band 30 Karl Sputek: Zielgerichtete Ressourcenallokation. Ein Modellentwurf zur Effektivitätsanalyse praktischer Budgetplanung am Beispiel von Berlin (West). 1989.

ALLOKATION IM MARKTWIRTSCHAFTLICHEN SYSTEM

Band 31 Wolfgang Krader: Neuere Entwicklungen linearer latenter Kovarianzstrukturmodelle mit quantitativen und qualitativen Indikatorvariablen. Theorie und Anwendung auf ein mikroempirisches Modell des Preis-, Produktions- und Lageranpassungsverhaltens von deutschen und französischen Unternehmen des verarbeitenden Gewerbes. 1991.

Band 32 Manfred Erbsland: Die öffentlichen Personalausgaben. Eine empirische Analyse für die Bundesrepublik Deutschland. 1991.

Band 33 Walter Ried: Information und Nutzen der medizinischen Diagnostik. 1992.

Band 34 Anselm U. Römer: Was ist den Bürgern die Verminderung eines Risikos wert? Eine Anwendung des kontingenten Bewertungsansatzes auf das Giftmüllrisiko. 1993.

Band 35 Eberhard Wille, Angelika Mehnert, Jan Philipp Rohweder: Zum gesellschaftlichen Nutzen pharmazeutischer Innovationen. 1994.

Band 36 Peter Schmidt: Die Wahl des Rentenalters, Theoretische und empirische Analyse des Rentenzugangsverhaltens in West- und Ostdeutschland. 1995.

Band 37 Michael Ohmer: Die Grundlagen der Einkommensteuer. Gerechtigkeit und Effizienz. 1997.

Band 38 Evamaria Wagner: Risikomanagement rohstoffexportierender Entwicklungsländer. 1997.

Band 39 Matthias Meier: Das Sparverhalten der privaten Haushalte und der demographische Wandel: Makroökonomische Auswirkungen. Eine Simulation verschiedener Reformen der Rentenversicherung. 1997.

Band 40 Manfred Albring / Eberhard Wille (Hrsg.): Innovationen in der Arzneimitteltherapie. Definition, medizinische Umsetzung und Finanzierung. Bad Orber Gespräche über kontroverse Themen im Gesundheitswesen 25.-27.10.1996. 1997.

Band 41 Eberhard Wille / Manfred Albring (Hrsg.): Reformoptionen im Gesundheitswesen. Bad Orber Gespräche über kontroverse Themen im Gesundheitswesen 7.-8.11.1997. 1998.

Band 42 Manfred Albring / Eberhard Wille (Hrsg.): Szenarien im Gesundheitswesen. Bad Orber Gespräche über kontroverse Themen im Gesundheitswesen 5.-7.11.1998. 1999.

Band 43 Eberhard Wille / Manfred Albring (Hrsg.): Rationalisierungsreserven im deutschen Gesundheitswesen. 2000.

Band 44 Manfred Albring / Eberhard Wille (Hrsg.): Qualitätsorientierte Vergütungssysteme in der ambulanten und stationären Behandlung. 2001.

Band 45 Martin Pfaff / Dietmar Wassener / Astrid Sterzel / Thomas Neldner: Analyse potentieller Auswirkungen einer Ausweitung des Pharmaversandes in Deutschland. 2002.

Band 46 Eberhard Wille / Manfred Albring (Hrsg.): Konfliktfeld Arzneimittelversorgung. 2002.

Band 47 Udo Schneider: Theorie und Empirie der Arzt-Patient-Beziehung. Zur Anwendung der Principal-Agent-Theorie auf die Gesundheitsnachfrage. 2002.

Band 48 Manfred Albring / Eberhard Wille: Die GKV zwischen Ausgabendynamik, Einnahmenschwäche und Koordinierungsproblemen. 2003.

Band 49 Uwe Jirjahn: X-Ineffizienz, Managementanreize und Produktmarktwettbewerb. 2004.

Band 50 Stefan Resch: Risikoselektion im Mitgliederwettbewerb der Gesetzlichen Krankenversicherung. 2004.

Band 51 Paul Marschall: Lebensstilwandel in Ostdeutschland. Gesundheitsökonomische Implikationen. 2004.

Band 52 Eberhard Wille / Manfred Albring (Hrsg.): Paradigmenwechsel im Gesundheitswesen durch neue Versorgungsstrukturen? 8. Bad Orber Gespräche. 6. - 8. November 2003. 2004.

Band 53 Eberhard Wille / Manfred Albring (Hrsg.): Versorgungsstrukturen und Finanzierungsoptionen auf dem Prüfstand. 9. Bad Orber Gespräche. 11.–13. November 2004. 2005.

Band 54 Brit S. Schneider: Gesundheit und Bildung. Theorie und Empirie der Humankapitalinvestitionen. 2007.

Band 55 Klaus Knabner / Eberhard Wille (Hrsg.): Qualität und Nutzen medizinischer Leistungen. 10. Bad Orber Gespräche, 10.-12. November 2005. 2007.

www.peterlang.de

Jana Ranneberg

Ansätze zur Patientenklassifikation in der medizinischen Rehabilitation aus gesundheitsökonomischer Perspektive

Frankfurt am Main, Berlin, Bern, Bruxelles, New York, Oxford, Wien, 2006.
XXII, 340 S., zahlr. Tab. und Graf.
Europäische Hochschulschriften: Reihe 5, Volks- und Betriebswirtschaft.
Bd. 3182
ISBN-10: 3-631-54719-6 / ISBN-13: 978-3-631-54719-9 · br. € 56.50*

Die medizinische Rehabilitation sieht sich immer wieder dem Vorwurf mangelnder Bedarfsgerechtigkeit ausgesetzt. Gleichzeitig leidet sie unter erheblichem Wettbewerbsdruck und veralteten Vergütungsstrukturen. Grundlage für nachhaltige Veränderungen ist dabei die Schaffung von Transparenz durch eine bedarfs- und leistungsorientierte Patientenklassifikation. Diese erhöht die Effektivität der Leistungssteuerung und ermöglicht eine bedarfsorientierte Allokation der Ressourcen. Diese Arbeit untersucht die besonderen Anforderungen der medizinischen Rehabilitation an ein derartiges Modell. Dabei werden internationale und nationale Prototypen auf den Prüfstand gestellt sowie eine eigene Systementwicklung anhand empirischer Daten vorgenommen. Die Arbeit leistet einen wichtigen Beitrag zur aktuell hochbrisanten Diskussion um die Einführung eines eigenen Rehaklassifikationssystems in Deutschland.

Aus dem Inhalt: Definition und Abgrenzung der medizinischen Rehabilitation · Instrumente zur Erfassung gruppierungsrelevanter Patienten- und Behandlungskriterien · Internationale Ansätze zur Patientenklassifikation in der medizinischen Rehabilitation · Stand der Fallgruppendiskussion in Deutschland · Das Modell der Rehabilitationsbehandlungsgruppen

Frankfurt am Main · Berlin · Bern · Bruxelles · New York · Oxford · Wien
Auslieferung: Verlag Peter Lang AG
Moosstr. 1, CH-2542 Pieterlen
Telefax 0041 (0) 32/376 17 27

*inklusive der in Deutschland gültigen Mehrwertsteuer
Preisänderungen vorbehalten
Homepage http://www.peterlang.de